高职高专“十三五”规划教材

汽车养护技术

主　编　陈长春
副主编　陈　晴　金　星
参　编　于晓喜　单　越　刘兴水

机 械 工 业 出 版 社

本书主要内容包括汽车发动机的养护，汽车底盘的养护，汽车车身的养护，汽车电气系统的养护及常见故障排除，汽车维护制度及其技术规范，汽车燃料、润料及养护材料，电动汽车的养护，汽车遇紧急情况时的应急处理。本书图文并茂，通俗易懂，实用性较强。

本书可作为高职高专汽车营销与服务、汽车运用与维修技术等专业学生的教材、从业人员的培训教材，也可作为车主养护车辆的参考用书。

本书配有电子课件，凡使用本书作为教材的教师可登录机械工业出版社教育服务网 www. cmpedu. com 注册后免费下载。咨询电话：010-88379375。

图书在版编目（CIP）数据

汽车养护技术/陈长春主编. —北京：机械工业出版社，2018.5

高职高专“十三五”规划教材

ISBN 978-7-111-59860-2

Ⅰ. ①汽… Ⅱ. ①陈… Ⅲ. ①汽车－车辆保养－高等职业教育－教材 Ⅳ. ①U472

中国版本图书馆 CIP 数据核字（2018）第 090525 号

机械工业出版社（北京市百万庄大街 22 号 邮政编码 100037）

策划编辑：张双国 责任编辑：张双国

责任校对：王 欣 封面设计：鞠 杨

责任印制：孙 炜

北京玥实印刷有限公司印刷

2018 年 6 月第 1 版第 1 次印刷

184mm×260mm · 6.75 印张 · 154 千字

0001—3000 册

标准书号：ISBN 978-7-111-59860-2

定价：20.00 元

凡购本书，如有缺页、倒页、脱页，由本社发行部调换

电话服务

服务咨询热线：010-88379833

读者购书热线：010-88379649

网络服务

机 工 官 网：www. cmpbook. com

机 工 官 博：weibo. com/cmp1952

教育服务网：www. cmpedu. com

金 书 网：www. golden-book. com

前言

随着我国汽车工业的高速发展和社会汽车保有量的与日俱增，汽车养护技术得到不断的完善，人们对汽车养护知识的需求也越来越大。

本书根据国家标准《汽车维护、检测、诊断技术规范》的规定，借鉴各种典型车型的维修手册的要求，结合汽车养护从业人员的经验和编者多年的教学经验编写而成。通过学习本书内容，可以掌握有关使用技术和养护常识，而将其介绍给客户或使用者，以保证车辆在使用过程中能够科学使用、合理养护、降低能耗、绿色环保、行车安全，延长车辆使用寿命。

本书由汽车维修岗位技能国家级考评员、天津交通职业学院陈长春任主编（编写了第七章），由天津交通职业学院、天津市汽车技术质量鉴定第72站质检员陈晴（编写了第一章、第二章和第三章），日照市职业技术学院金星（编写了第五章第一节、第二节，第八章）任副主编，参加本书编写的还有天津交通职业学院于晓喜（编写了第四章），天津交通技师学院单越（编写了第五章第三节、第六章第一节至第七节），百路驰汽车零部件贸易（天津）有限公司刘兴水（编写了第六章的第八节）。

本书在编写过程中参考了大量的资料，在此向其作者表示感谢。

由于编者水平所限，书中难免存在不足之处，请广大读者批评指正。

编　者

目 录

第一章

汽车发动机的养护

教学提示： 发动机养护内容较多，包括发动机养护项目及发动机养护使用的清洗剂等。

教学要求： 了解发动机养护的目的；掌握发动机养护项目及养护过程中的注意事项；了解发动机养护用品的选用方法及使用注意事项。

第一节 发动机养护概述

在汽车的使用过程中，延长发动机的使用寿命，保证汽车发动机处于良好的工作状态是十分必要的。为此，汽车的使用者应做到以下几点：①保证发动机正常磨合及使用，新车或大修后的发动机必须按规定进行走合后才能使用，使用中尽量避免不规范操作；②注意保养和检查，发动机的一些连接及调整零部件易松动、脱扣，造成气门间隙、喷油压力以及点火正时等不准确，所以应及时对发动机进行检查和调整；③保持油净、水净、气净和机体净；④保证油足、水足、空气足。

一、发动机的养护项目

1. 选用适当质量等级的润滑油

对汽油发动机应根据进、排气系统的附加装置和使用条件选用 SD ~ SF 级汽油机油；对柴油发动机则要根据机械负荷选用 CB ~ CD 级柴油机油。选用标准以不低于生产厂家规定要求为准。

2. 定期更换机油及滤芯

任何质量等级的机油在使用过程中油质都会发生变化。汽车行驶一定里程之后，机油性能恶化，会给发动机带来种种问题。为了避免故障的发生，应结合使用条件定期换油，并使油量适中（一般以机油标尺上限为宜）。机油从滤清器的细孔通过时，把油中的固体颗粒和黏稠物积存在滤清器中。当滤清器堵塞，机油不能通过滤芯时，会胀破滤芯或打开安全阀，从旁通阀通过，仍把脏物带回润滑部位，使发动机磨损、内部的污染加剧。

3. 保持曲轴箱通风良好

现在大部分汽油发动机都装有 PCV 阀（曲轴箱强制通风装置）促使发动机换气，但窜气中的污染物会沉积在 PCV 阀的周围，可能使阀堵塞。如果 PCV 阀堵塞，则污染气体逆向流入空气滤清器，污染滤芯，使过滤能力降低，吸入的混合气过脏，更加造成曲轴箱的污染，导致燃料消耗增大，发动机磨损加大，甚至损坏发动机。因此，须定期保养 PCV 阀，清除 PCV 阀周围的污染物。

4. 定期清洗曲轴箱

在发动机运转过程中，燃烧室内的高压未燃烧气体、酸、水分、硫和氮的氧化物经过活塞环与缸壁之间的间隙进入曲轴箱中，与零件磨损产生的金属粉末混在一起，形成油泥。量少时在油中悬浮，量大时从油中析出，堵塞滤清器和油孔，造成发动机润滑困难，引起磨损。此外，机油在高温时氧化会生成漆膜和积炭粘结在活塞上，使发动机油耗增大、功率下降，严重时使活塞环卡死而拉缸。因此，应定期使用润滑系统高效快速清洗剂清洗曲轴箱，以保持发动机内部的清洁。

5. 定期清洗燃油系统

燃油在通过油路供往燃烧室燃烧的过程中，不可避免地会形成胶质和积炭，在油道、喷油嘴和燃烧室中沉积下来，干扰燃油流动，破坏正常空燃比，使燃油雾化不良，造成发动机喘抖、爆燃、怠速不稳、加速不良等问题。使用燃油系统强力高效清洗剂清洗燃油系统，并使用相应的添加剂控制积炭的生成，能够始终使发动机保持最佳状态。

6. 定期保养散热器

发动机散热器生锈、结垢是最常见的问题。锈迹和水垢会限制冷却液在冷却系统中的流动，降低散热作用，导致发动机过热，甚至造成发动机损坏。冷却液氧化还会形成酸性物质，腐蚀散热器的金属部件，造成散热器破损、渗漏。定期使用散热器强力高效清洗剂清洗散热器，除去其中的锈迹和水垢，不但能保证发动机正常工作，而且能延长散热器和发动机的整体使用寿命。

二、三滤的养护

三滤指空气滤清器（图 1-1）、汽油滤清器（图 1-2）和机油滤清器（图 1-3）。三滤在汽车发动机上对空气、机油和汽油起着过滤作用，从而对发动机起到保护作用，同时也提高了发动机的工作效率。

图 1-1　空气滤清器与其在汽车上的位置

三滤清洁保养得及时，能充分发挥发动机性能，降低发动机故障率，有利于延长发动机的使用寿命。

1. 三滤的作用

（1）空气滤清器的作用　保证进入发动机的空气洁净。安装空气滤清器能减少气缸、

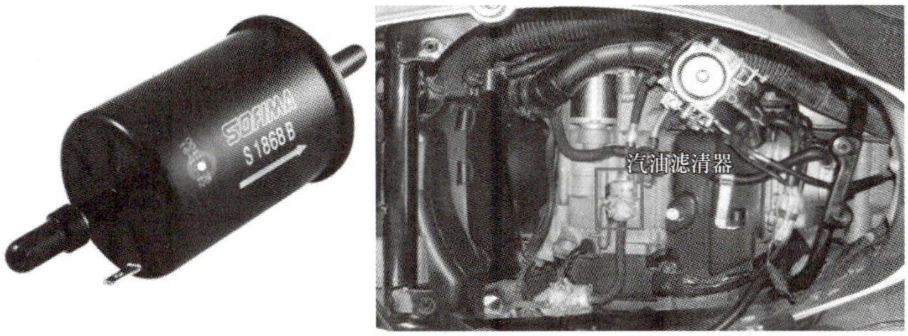

图 1-2 汽油滤清器与其在汽车上的位置

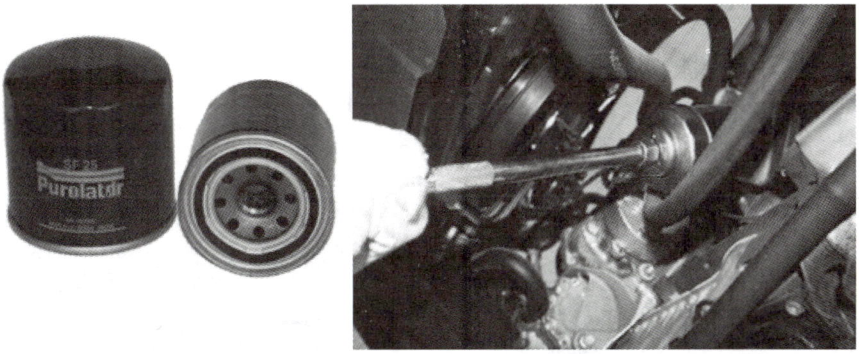

图 1-3 机油滤清器与其在汽车上的位置

活塞和活塞环等零件的磨损。现代汽车都在电喷发动机的进气控制装置关键部位装有空气滤清器。

（2）汽油滤清器的作用　保证燃油洁净，防止产生气阻。汽油在储运及加注过程中，难免会混入一些杂质和水分，这些杂质随着燃油带入供油系统中和发动机气缸内，气缸就会加速磨损。在汽油进入汽油泵前，必须进行过滤，以保证汽油供给系统正常工作。

（3）机油滤清器的作用　过滤机油，保证发动机正常运转，是三滤中最重要的总成。在内燃机使用过程中，灰尘、金属磨屑等机械杂质会不断混入机油中，同时空气及燃烧产生的废气对机油的氧化作用也会使机油逐渐产生胶质，机械杂质与胶质混合还会形成油泥，这不仅会加速运动零件的磨损，而且易造成油路堵塞。为确保机油的清洁，发动机在润滑系统中装有机油滤清器。

2. 三滤的更换里程

（1）空气滤清器更换里程　大多数汽车发动机使用一种质量小、成本低、更换方便、滤清效率高的纸质滤芯的干式空气滤清器，一般每行驶 5000km 清洁一次。清洁时，应取出滤芯轻轻拍打端面，用压缩空气由里向外吹，以清除芯上的尘土，切勿用汽油或水洗刷。汽车每行驶 25000km 必须更换空气滤清器。

（2）机油滤清器更换里程　大多数轿车发动机使用的是旋装式机油滤清器。这种滤清器是不可拆洗的一次性滤清器，当更换润滑油时必须同时更换机油滤清器，否则会影响润滑油的质量。更换机油及机油滤清器的周期一般是汽车行驶 5000km。

（3）汽油滤清器更换里程　多数发动机上装的都是一次性不可拆洗式的纸质滤芯汽油滤清器，更换周期一般为 1 万 km。滤清器有进、出油口箭头标记，更换时切勿装反。

3. 三滤试验台

我国现今拥有的汽车三滤试验技术包括：汽车空气滤清器试验台；汽车机油滤清器过滤性能试验台；汽车机油滤清器综合性能试验台；汽车机油—柴油滤清器滤芯气泡试验台；汽车机油滤清器止回阀泄漏量试验台；汽车柴油滤清器清洁度—压差试验台；汽车柴油滤清器过滤效率和寿命试验台；汽车柴油滤清器分离水效率试验台；汽车柴油滤清器液力脉冲疲劳试验台；汽车机油滤清器液压脉冲耐久试验台。

4. 空气滤清器的养护

当汽车行驶里程达到空气滤清器维护规定的间隔里程，或空气滤清器堵塞指示灯报警时（不论行驶里程是多少），必须清洁空气滤清器。

1）松开滤清器锁扣，卸下固定滤芯的螺母，取下护盖后取出滤芯（图 1-4），要注意防止杂质掉入进气管道内。

2）用抹布沾汽油擦拭空气滤清器壳内、外部（图 1-5）。

图 1-4　拆下滤芯

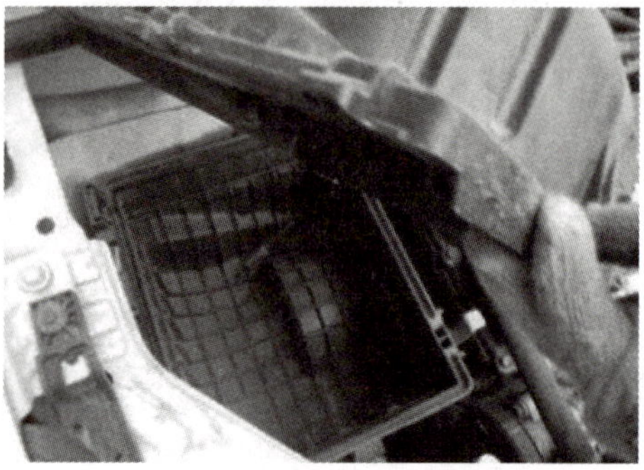

图 1-5　清洁滤清器壳

3）检查滤芯污染的程度并进行清洁。当滤芯积存为干燥的灰尘时，可用压力不高于 500kPa 的压缩空气，从滤芯内侧开始，上下均匀地沿斜角方向吹净滤芯内外表面的灰尘。如果没有压缩空气，可用螺钉旋具柄轻轻敲打滤芯，再用毛刷刷净外部污垢。操作时，不得用大力敲打或碰撞滤芯。

4）在清洁时，如果发现滤芯损坏，应更换滤芯（图 1-6）。更换滤芯时，应注意检查新滤芯是否有损伤、垫圈是否有缺损等情况。正常使用的纸质滤芯应按规定时间间隔进行更换。

5）检查清洁、干燥后的滤芯。将照明灯打开并放入滤芯里面从外部观察有无损伤、小孔或变薄的部分（图 1-7），检查橡胶垫圈有无损伤。如果有异常，应更换滤芯和垫圈。

6）安装空气滤清器。按与拆卸相反的顺序将各部件安装好。必须可靠地装好滤芯，不宜用手或器具接触滤芯的纸质部分，尤其不能让油类污染滤芯。

5. 机油滤清器的养护

机油滤清器使用一定时间后，滤芯上会附着很多污垢，因此应定期更换机油滤清器。一般情况下，机油滤清器与机油应同时更换，这样有利于延长发动机的使用寿命。

图 1-6　更换滤芯

图 1-7　检查滤芯是否有破损

经常使用的汽车，每行驶 7500km，应更换机油滤清器。在恶劣条件下，如经常行驶在多尘的道路上，应每行驶 5000km 即进行更换。

更换机油滤清器的步骤如下（图 1-8）：

1）取下放油螺塞，将车辆用举升器举起。

2）拧下放油螺塞，排放发动机机油。

3）将放油螺塞擦净并安装，用 30N · m 拧紧力矩拧紧。

4）用机油滤清器扳手拧松机油滤清器。

5）用发动机机油涂抹在新机油滤清器的 O 形圈上。

6）用手把新的机油滤清器拧在机油滤清器支座上，将滤清器 O 形圈与安装表面接触，用机油滤清器扳手将其用 15N · m 拧紧力矩拧紧后，将车辆放下，加注机油。

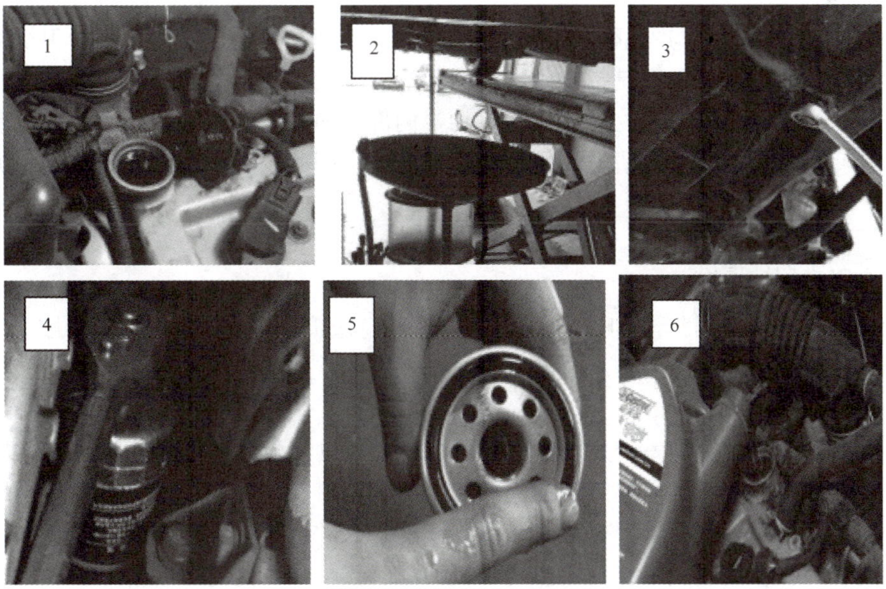

图 1-8　更换机油滤清器的步骤

6. 汽油滤清器的养护

现代汽车汽油滤清器多采用纸质滤芯，外壳用硬塑料封闭。汽油滤清器为易耗品，堵塞后一般直接更换。

滤清器堵塞后，滤芯的阻力增加，汽油流动不畅，造成滤清器内的燃油液面升高。从滤清器外壳可以观察到内部油面上升情况，从而可以判断滤清器是否堵塞。

安装汽油滤清器时，要分清进油口和出油口，一般出油口在滤清器上部，进油口在滤清器下部，在滤清器上用箭头表示汽油流动方向（图 1-9）。

图 1-9　汽油滤清器安装指示方向

第二节　发动机养护用品的选用与使用注意事项

一、发动机清洗分类

发动机清洗包括内部与外部的清洗，发动机外部裸露在发动机舱内，一般很少清洗，因此，平常所说的发动机清洗都是指发动机的内部清洗。发动机内部清洗的目的是清洗发动机内部油泥、积炭、胶质等有害物质，保持发动机内部洁净，增强机油流动性，降低磨损，延长发动机的使用寿命。发动机清洗均采用免拆解方式，因此发动机清洗剂又称为免拆发动机清洗剂。

二、发动机内部清洗

发动机内部清洗使用清洗剂进行清洗，主要是解决润滑系统内部形成油泥、胶质、积炭、漆膜、污垢等沉积物的问题。清洗剂由清洗能力非常强的多种成分组成，能够对润滑系统进行自动清洗。

将发动机内部清洗剂加入到发动机曲轴箱内，在发动机运转时随着机油流动，即可完成清洗过程，会使胶质溶解，使黏结到一起的沉积物变得疏松，进而脱落。活塞环、活塞裙部的漆膜、积炭、油泥等沉积物会被彻底清除。清洗下来的沉积物会随机油的循环被机油滤清器滤除，或者沉积在油底壳中，待更换清理机油滤清器、油底壳时一起清除。

三、发动机内部清洗剂的成分与配制

1. 发动机内部清洗剂的成分

发动机内部清洗剂的成分和比例见表 1-1。

表 1-1　发动机内部清洗剂的成分和比例

原　料	比　例
① 原油降凝剂	0.6%
② 高碱值合成磺酸钙清净剂	0.6%
③ 黏度指数改进剂	1.2%
④ 环烷酸	30%
⑤ 650SN 基础油	67.6%

2. 制备方法

1）将占比 30% 的原料④在加热情况下缓慢搅拌至温度达到 60℃，再搅拌 1h。

2）继续加热，同时将原料①、②、③、⑤按上述配比加入④中，搅拌直至温度达到 70℃再搅拌 1h，即可得发动机清洗剂成品。

四、发动机内部清洗剂应具备的功效

专业发动机内部清洗剂应具有以下功效：

1）高效清洁发动机内部积炭、胶质和其他有害物质。

2）中和发动机内部生成的有害酸性物质。

3）清洁曲轴箱 PVC 阀。

4）清洁气门挺杆和液压挺杆。

5）防止新旧机油混合，清除旧机油形成的油泥和油膜，以免降低新机油性能。

6）提升发动机功效，降低噪声，减少燃油及机油损耗。

7）净化发动机润滑系统，增强机油流动性，降低发动机温度，提升润滑效能。

8）避免发动机烧机油。

五、发动机内部清洗剂的使用方法和注意事项

1. 使用方法

发动机清洗一般在更换机油时进行，将发动机内部清洗剂按说明书规定的量直接从机油口倒入机油箱中（图 1-10），怠速运转 10 ~ 15min 后（若发动机久未清洗，可适当延长清洗时间），将发动机内加入清洗剂的旧机油排空，更换机油滤清器，加入新机油即可。

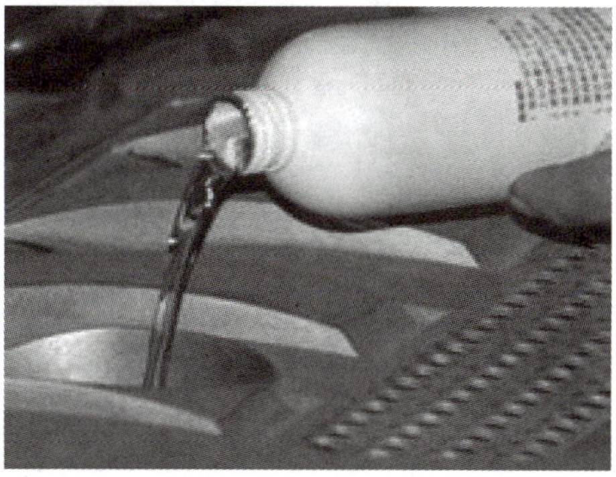

图 1-10　发动机内部清洁剂清洗

2. 注意事项

1）发动机内部清洗剂主要养护润滑系统。一般情况，每行驶 1.5 ~ 2 万 km 即可做一次清洗。对于长期使用矿物油、半合成机油的发动机，适当缩短清洗周期；如果长期使用全合成机油，因全合成机油自身的清洁能力较强，可以延长至 2 ~ 2.5 万 km 再做清洗养护。

2）发动机内部的胶质、油泥、沉积物、酸性物质和金属碎屑，随旧机油一起排出，应

做好环保处理。

3）发动机内部清洗剂使用时要注意安全，应远离高温、火源，并置于阴凉避光处存放，不慎与眼睛或皮肤接触时，应即刻用清水冲洗后就医。

六、发动机外部清洗

一般发动机表面会附着灰尘和油污，时间久了会对机体和发动机电气部分产生腐蚀，加剧塑料制品和导线的老化，很容易造成导线因老化破裂而形成短路故障和自燃现象，因此有必要做好发动机外部清洗养护。发动机外部清洗的主要内容有：

1. 清洗发动机外部的灰尘及油污

发动机外部可用刷子或压缩空气等先除尘，然后选用合适的发动机外部清洗剂进行擦洗处理。注意不能用汽油来代替专用清洗剂洗发动机外部。

2. 处理表面锈渍

对于铸铁等金属表面上的锈斑，应该早发现早处理。可以用除锈剂喷在锈斑处，然后进行擦洗。

3. 清洗发动机电器电路部分

应该使用特定护理产品清洗发动机电器电路部分的部件。如果长期用水和普通的清洁剂进行处理，会加速其塑料壳体和线束橡胶的老化，影响汽车起动和行驶性能。

七、发动机外部清洗剂产品介绍

发动机外部清洗剂产品很多，其功能和作用基本相同。下面简单介绍几款产品供参考。

1. 3M 发动机外部清洗剂

3M 发动机外部清洗剂是一种泡沫清洗剂（图 1-11），使用时将清洁剂喷到需要清洁的发动机部位，再用布擦干净即可。

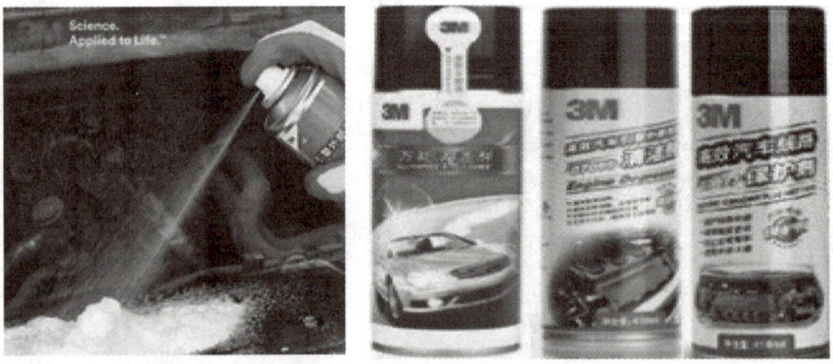

图 1-11　3M 发动机外部清洗剂

2. 车美乐发动机外部清洗剂

车美乐发动机外部清洗剂具有去油去污能力，其清洁效果如图 1-12 所示。

3. 德国力魔发动机舱清洗剂

德国力魔发动机舱清洗剂（图 1-13）具有防止橡胶件/线束老化龟裂的性能。

图 1-12　车美乐清洗剂及其清洁效果

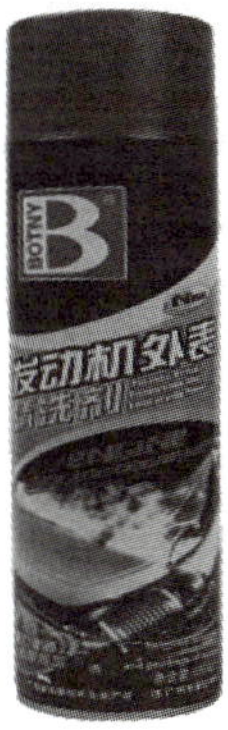

图 1-13　力魔发动机舱清洗剂

复习题

1. 发动机正确的养护项目有哪些？
2. 什么是汽车的三滤？各有什么作用？
3. 简述三滤的养护内容及更换方法。
4. 汽车发动机外部清洗剂有哪些产品？

第二章

汽车底盘的养护

教学提示： 汽车底盘性能是否可靠，直接影响到汽车驾驶的安全，只有做好汽车底盘的养护，才能保证安全行驶。

教学要求： 了解底盘养护的特点，明确养护目的；掌握底盘各总成的养护分类，掌握底盘养护项目及养护过程中的注意事项，了解底盘养护用品的使用方法及使用注意事项。

底盘除了是乘员的载体，也是车轮安装的基础，一旦受到腐蚀、松动就会引起定位失准，严重影响行驶的稳定性，并直接影响驾驶人的安全。因此做好底盘的养护，对延长车辆的使用寿命，提高使用价值，增加驾驶安全性是很有必要的。

汽车底盘养护分为自动变速器的养护、传动系统的养护、转向系统的养护、制动系统的养护、轮胎的养护等几个部分。

第一节　自动变速器的养护

一、自动变速器的清洗

高温的工作环境极易使自动变速器系统内部形成油泥、胶质等沉积物，影响传动液的正常流动，降低系统的传动功率，进而影响其使用寿命，所以自动变速器应定期进行清洗。清洗时，应选用专用的自动变速器清洗剂，并配备专用清洗设备，千万不能用发动机润滑洗涤剂清洗自动变速器。通过清洗可有效地去除自动变速器中的油泥、胶质等沉积物，使杂质悬浮并随旧自动变速器油排出，从而减轻对新自动变速器油的污染，恢复系统的工作性能。自动变速器一般每 5 万 km 清洗一次。

二、自动变速器油的更换

自动变速器油的更换要严格遵循自动变速器的油量标准。若油量低于标准值，油泵会吸入空气，导致空气与油液混合，降低油压，使各控制阀和液压元件不正确动作，造成换档失灵，制动器、离合器早期磨损，加速自动变速器油的氧化，而且油量过少，则液面过低，运动机件得不到充分润滑，易造成卡滞和产生噪声；若油量过多，则液面过高，行星齿轮和其他旋转部件便会浸入自动变速器油中，出现搅拌现象，产生泡沫，这些泡沫进入控制系统，将产生离合器片打滑、损坏等问题。

液面高度检查：一般要求自动变速器处于热态，即自动变速器油温在 50～80℃，将汽车停放在水平地面上，发动机怠速运转（本田汽车的规定是熄火），变速杆放在 P 位（若是日产汽车，则也可放在 N 位），油面应满足“HOT”的标准范围。

三、自动变速器的保护

为避免自动变速器油在长期使用过程中胶质化并生成沉积物，保证系统正常工作，可在更换自动变速器油的同时，添加自动变速器专用保护剂。自动变速器专用保护剂一般具有以下功效：

1）提高自动变速器油的抗氧化性能，延长换油周期。

2）抗磨增润，减少动力损耗，提高传动平顺性。

3）恢复老化油封的弹性及密封性，消除并防止因油封硬化而引起的渗漏。

4）提高传动液的切变稳定性，平振降噪。

5）抑制泡沫产生，避免变速器过热。

6）分散自动变速器内的油泥和胶质，保持系统清洁。

四、自动变速器的止漏

可以通过在自动变速器油中添加专用的止漏剂，对因油封老化而引起的自动变速器渗漏进行治理。此类止漏产品一般兼有提高自动变速器油的润滑效果，减少动力损耗，保证系统平稳工作的功效。

第二节　悬架及传动系统的养护

一、减振器的养护

为了使车架与车身的振动迅速衰减，改善汽车行驶的平顺性和舒适性，汽车悬架系统上一般都装有减振器，目前汽车上广泛采用的是双向作用筒式减振器。

减振器是汽车使用过程中的易损配件，减振器工作好坏直接影响汽车行驶的平稳性和其他机件的使用寿命，因此应使减振器经常处于良好的工作状态。减振器在汽车上的位置如图 2-1 所示。

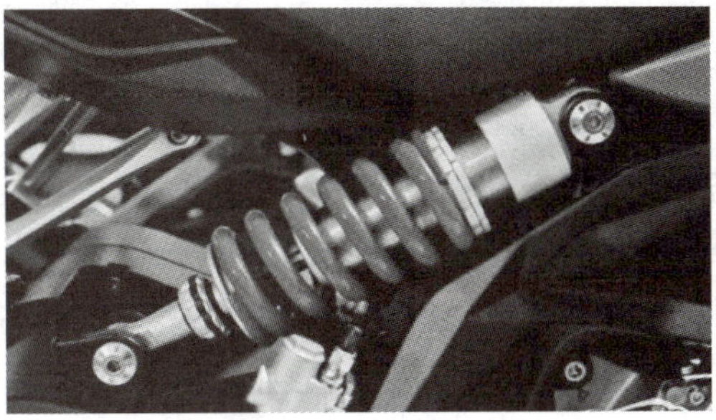

图 2-1　减振器在汽车上的位置

1. 减振器的检查

1）使汽车在道路条件较差的路面上行驶 10km 后停车，用手摸减振器外壳，如果不够热，说明减振器内部无阻力，减振器不工作。此时，可加入适当的润滑油后再进行试验。若外壳发热，则为减振器内部缺油，应加足油，否则说明减振器失效。

2）用力按下保险杠，然后松开，如果汽车跳跃不超过两次，则说明减振器工作良好。如果车身不断地上下振动，则说明减振器失效。

3）当汽车缓慢行驶而紧急制动时，若汽车振动比较剧烈，则说明减振器有故障。

4）拆下减振器将其直立，并把下端连接环夹于台虎钳上，用力拉压减振杆数次，此时应有稳定的阻力，往上拉复原的阻力应大于向下压时的阻力。如果阻力不稳定或无阻力，可能是减振器内部缺油或阀门零件损坏，应进行修复或更换零件。

2. 换减振器性价比分析

1）普通轿车使用双筒充气式减振器，价格较低。另外，前减振器通常会比后减振器便宜。

2）汽车厂的配套零件价格通常会比出厂价高。例如 4S 店提供的减振器一般为原厂配套件，但价格较高，而选择其他厂家的，价格会低一些。

3）不同品种的减振器价格不同。皇冠轿车用的是单筒充气式减振器，其价格比普通的双筒充气式减振器高一些。一些 C 级轿车还会使用阻尼力可调式减振器、电磁式减振器等，价格会更高。

3. 更换减振器的原则

一般说来，减振器有响声、过硬、过软、漏油现象时，就要考虑进行更换了。但是在发现以上现象时，不要过早地判定是否必须更换减振器：有响声时，需要检查是否安装正确；过硬、过软时，需检查弹簧和固定连接减振器部位是否有问题；漏油时，需检查油缸盖是否紧固。减振器在实际使用中会出现发出响声的故障，这主要是由于减振器与钢板弹簧、车架或轴相碰撞，胶垫损坏或脱落以及减振器防尘筒变形，油液不足等原因引起的，应查明原因，予以修理。如果确定不是以上原因，则需要更换减振器。

二、悬架控制臂胶套的养护

胶套（图 2-2）损坏后将出现跑偏、打摆等一系列故障，即使做四轮定位也无济于事。仔细检查底盘，如果胶套损坏会很容易发现。当发现胶套有损坏时，应及时进行更换。

图 2-2　悬架控制臂胶套

三、传动轴防尘套的养护

传动轴防尘套（图 2-3）不仅有防尘作用，还能防止万向节周围的润滑油流失。防尘套一旦破损，润滑油很快就会流失，由于金属之间的干摩擦，传动轴的万向节就会损坏，严重时传动轴的万向节会与驱动轮脱离，造成行驶方向失控，带来重大的事故。

注意检查传动轴防尘套，如果发现损坏，应及时更换。同时，要做好万向节轴承的润滑，防止因润滑不良加剧磨损，导致松旷，造成事故。

图 2-3 传动轴防尘套

四、转向拉杆的养护

转向拉杆（图 2-4）松旷是一个严重的安全隐患，因此在保养时一定要检查这一部位。当行车时发现转向费力、打摆、有异响时，有可能是转向拉杆松旷，应立刻到正规的服务站做全面的检查，以保证行车安全。

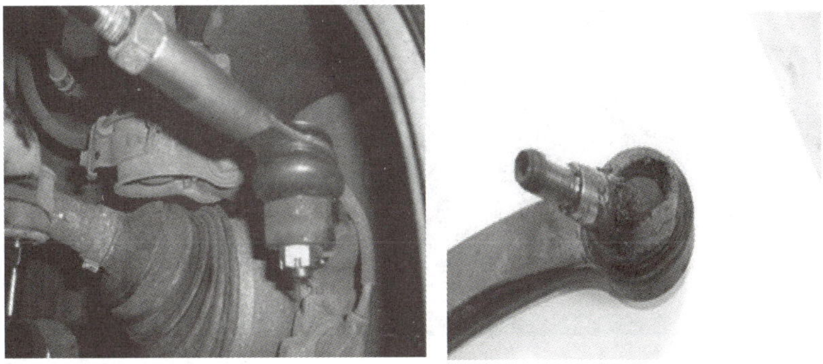

a) b)

图 2-4 转向拉杆

a）转向拉杆在车上的位置 b）严重损坏的拉杆球头

第三节 制动系统的养护

一、检查制动液，保证制动液的品质

制动液是影响行驶安全的重要因素之一，制动液过少、液质过脏、含有水分、不符合原

制造厂家要求等都会造成制动距离加长或制动失效。很多制造厂家要求制动液每两年必须更换一次。此外，虽然更换制动液是一项比较简单且费用不高的保养工作，但一定要去特约服务站更换厂家指定的制动液。例如：同是大众品牌的轿车，捷达、宝来、帕萨特、奥迪的制动液决不能混用。

二、检查制动盘与制动摩擦片

大多数轿车采用前盘、后鼓式制动器结构，一般情况下前制动片磨损得相对较快，后制动蹄片使用的时间相对较长。在日常的检查维护中应重点注意以下几个方面：

1）正常行驶条件下，每行驶5000km对制动蹄片进行1次检查。不仅要检查剩余的厚度，还要检查蹄片磨损的状态，例如两边磨损的程度是否一样、回位是否自如等。若发现有不正常情况，必须立即处理。

2）制动片一般由铁衬板和摩擦材料两部分组成，一定不要等摩擦材料部分都磨没了才更换制动蹄片。例如，捷达轿车的前制动片新片的厚度为14mm，而更换的极限厚度是7mm，其中包括3mm多的铁衬板厚度和近4mm的摩擦材料厚度。一些车辆带有制动蹄片报警功能，一旦达到了磨损极限，仪表会报警提示更换制动蹄片。达到了使用极限的制动蹄片必须进行更换，即使还能使用一段时间，也会降低制动的效果，影响行车的安全。

3）更换时，要换用原厂备件提供的制动蹄片（图2-5），只有这样，才能使制动蹄片和制动盘之间的制动效果最好，磨损最小。

图2-5 制动蹄片更换

4）更换制动蹄片时，必须使用专用工具将制动分泵顶回。不能用其他撬棍硬压回，这样易导致制动钳导向螺钉弯曲，使制动蹄片卡死。

5）更换制动蹄片后，一定要踩几次制动踏板，以消除制动蹄片与制动盘的间隙。

6）制动蹄片更换后，需磨合200km才能达到最佳的制动效果。新换制动蹄片后还要谨慎行驶。

要定期去特约服务站拆下轮胎，检查四轮制动盘和制动蹄片。检查制动蹄片的厚度，还要检查制动蹄片是否有断裂，制动分泵是否有漏油的故障。除此之外，还要注意ABS的工作情况。

第四节 汽车四轮定位的校正

车轮定位的作用是使汽车保持稳定直线行驶和转向轻便，并减少汽车在行驶中轮胎和转向机件的磨损。如果定位不准，将会导致转向沉重，轮胎异常磨损，给安全行驶带来隐患，甚至出现严重的交通事故。

主销后倾角如图 2-6 所示。主销后倾角过大会使转向沉重，而且会加剧车轮的前后颠簸。

主销内倾角示意图如图 2-7 所示。主销内倾角不宜过大，否则会加速轮胎的磨损。

前轮外倾示意图如图 2-8 所示。前轮前束（俯视图）如图 2-9 所示。

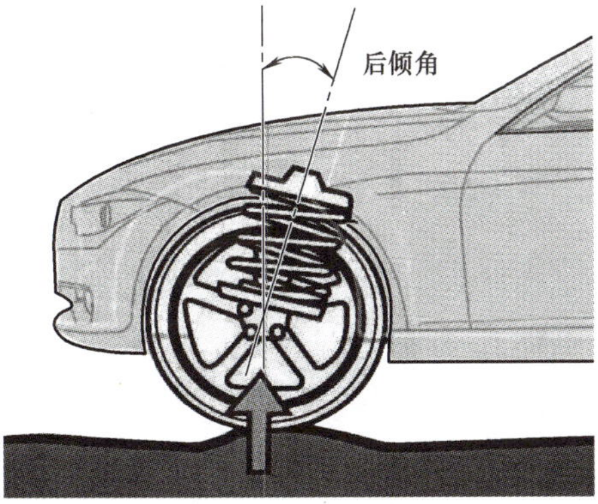

图 2-6 主销后倾角

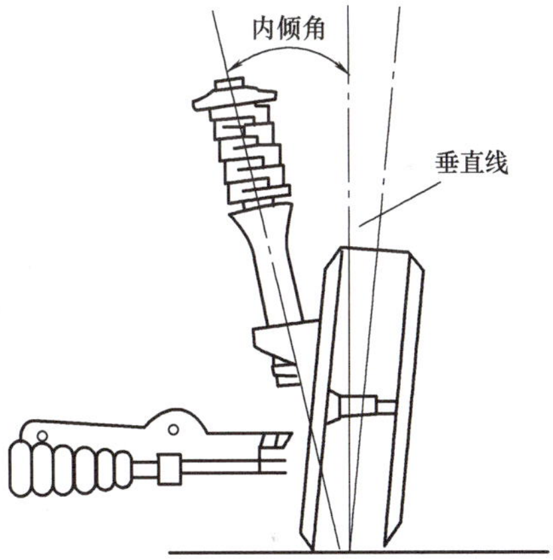

图 2-7 主销内倾角示意图

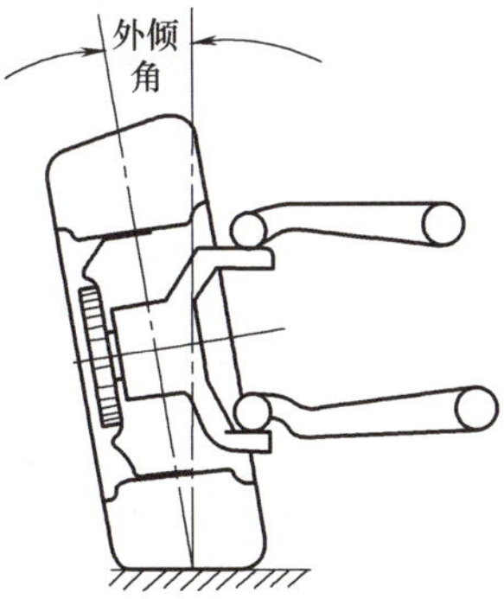

图 2-8 前轮外倾示意图

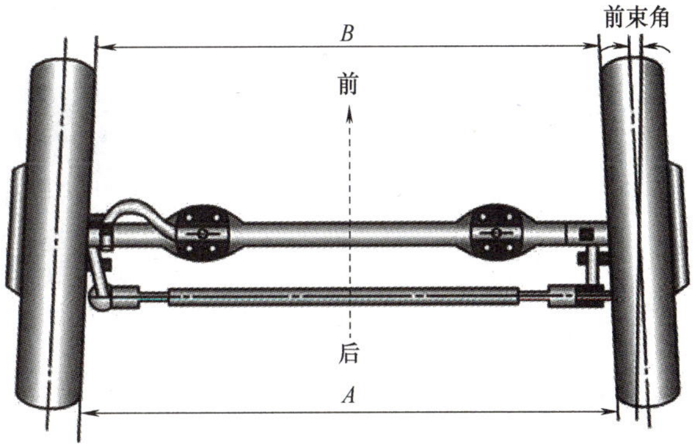

图 2-9 前轮前束（俯视图）

在使用过程中，如果发现轮胎磨损异常，内侧或外侧磨损严重时应该考虑进行四轮定位校正。如果发生过碰撞事故或使用时间过长因磨损而使四轮定位发生了变化，操控性就会大大地降低。所以在操纵方向盘时如果感到有异样，就应到正规的汽修厂或专业的四轮定位检查站进行检查，并作相应的调整以确保行车安全。图 2-10 所示为北京雷卡公司的四轮定位仪。

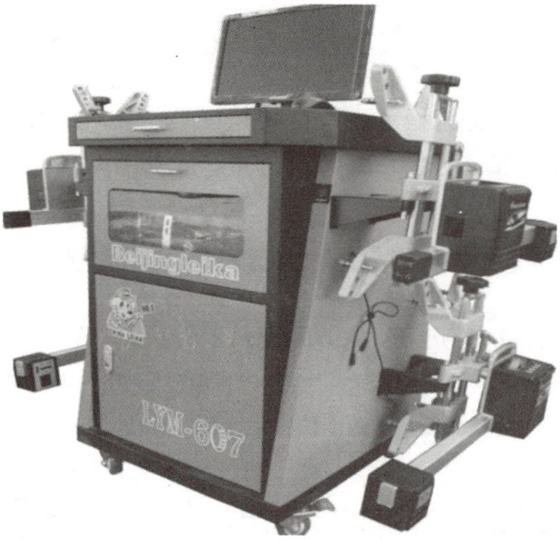

图 2-10　北京雷卡公司的四轮定位仪

第五节　汽车轮胎的养护

一、轮胎养护的重要性

汽车高速行驶时，如果轮胎爆裂经常会发生事故，小则倾侧、甩头，大则翻车。即使没有发生事故，在路边停车换胎也不是一件愉快的事，所以，每次出车前检查一下轮胎的状况很必要。

汽车轮胎如图 2-11 所示。

图 2-11　轮胎

二、轮胎养护的方法

1）经常检查轮胎的气压。若充气压力过高，则轮胎容易爆裂，特别是在夏天；而压力太低，汽车阻力增加，油耗相应增加。所以，汽车的说明书上标明前、后轮胎规定的气压都不一样，有时也要根据情况适当调整。譬如在路面湿滑、天气炎热时，压力就要低些。

2）经常检查轮胎胎面。如果在不好的路况行驶，就要勤检查轮胎胎面花纹上有没有尖锐的钉子、石头和碎玻璃等，以免刺伤轮胎。

3）及时更换轮胎。轮胎面上的花纹磨损到一定的程度，就需要及时更换轮胎。通常当花纹磨损到只剩下 1.5 ~ 2mm 时，会发现轮胎上有一个特定的标记出现（不同牌号的轮胎标志不一样，但在说明书上都有说明），这时就要更换轮胎了。

4）行驶一定里程后调换前、后轮胎。按照厂家的规定，行驶到一定里程后，要将前后的轮胎互相调换。因为二者的承载重量不等，磨损也不等，这样可以物尽其用，延长轮胎的使用寿命。但是，要注意子午线轮胎和斜交轮胎的更换方式是不同的。前者是前后直线调换，后者是横 8 字更换。

更换换轮胎最好在有轮胎专用拆装机的店面做，并且要在专用的轮胎平衡机上进行动平衡，否则，行驶时就会产生振动。必须注意，车上的 4 个轮胎一定要同一规格，牌号最好也一样。

轮胎的侧面是它的薄弱环节，易于擦破。因此，驾驶时要注意不要让轮胎擦着马路沿或其他的硬物。出车时一定要带上备胎，而且要充足气。

三、更换轮胎的注意事项

1）要清洁轮辋。

2）润滑时不要使用汽油、机油、煤油。

3）不要忘记检查气门芯、气门嘴基座、轮辋凸缘。

4）不要忘记安装气门帽。

5）换胎时要到安全的地方。

6）挂 P 档，关闭发动机，将车辆停到平整的路面上。

7）在汽车后方 50m 以外放置三角警示牌。

四、更换轮胎的方法步骤

1）遇到车胎故障需更换备胎时，应先将车辆行驶到安全地带。选择水平路面停车，同时打开双跳灯。待车辆停好后，拉紧驻车制动器手柄（图 2-12）。当确认安全后，在车尾左后方 50m 以外摆好三角警示牌。

2）取出备胎（通常在行李箱下面）、轮胎扳手和千斤顶（图 2-13）。

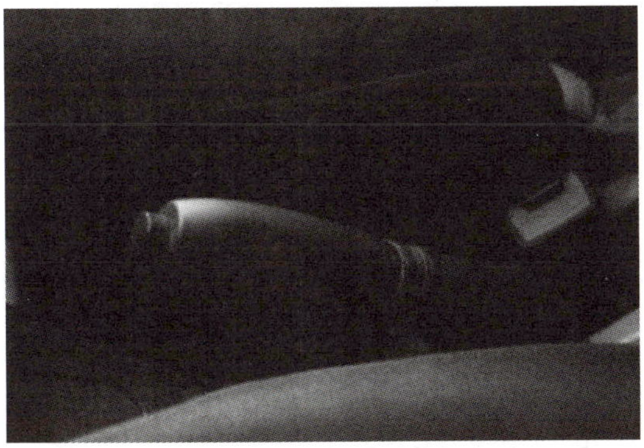

图 2-12　拉紧驻车制动器手柄

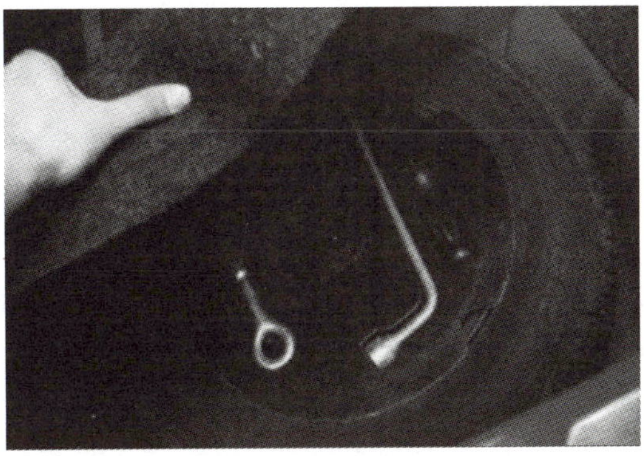

图 2-13　工具位置

3）将千斤顶置于车身下的钢梁处，并将千斤顶起重爪对准车身下方的支撑点（图 2-14）。

4）摇动千斤顶将车身支起。然后用扳手依次卸下需要更换的轮胎的螺栓（图 2-15），并取下车轮（图 2-16）。

图 2-14　举升器举升位置

图 2-15　用扳手拆卸螺栓

5）将备胎对准车轴和螺孔，将轮胎螺栓初步拧紧。在拧螺栓的同时，可以用脚踩着轮胎底部的胎侧部分，这样可以让拧螺栓的工作更轻松一些。

6）将千斤顶放下，采用对角线的顺序将每个螺栓都拧紧。

图 2-16　取下车轮

五、电动汽车轮胎的养护

电动汽车轮胎的种类按胎体结构不同可分为充气轮胎和实心轮胎。现代电动汽车绝大多数采用充气轮胎。充气轮胎按轮胎内空气压力的大小分为高压胎（0.5～0.7MPa）、低压胎（0.15～0.45MPa）和超低压胎（0.15MPa 以下）3 种。低压胎弹性好、断面宽、接地面积大、壁薄散热好，有助于提高电动汽车行驶的平顺性、稳定性，同时可以提高轮胎的使用寿命，所以电动汽车上广泛使用低压胎。

在汽车的安全行驶中，轮胎至关重要。为了防止不正确的胎压造成的耗电、缩短轮胎使用寿命、爆胎等情况，从而影响驾驶的舒适性和安全性，车主要经常检测胎压，两个星期或一个月查看一次轮胎气压。

第六节　底盘装甲与底盘养护

一、底盘装甲

1. 什么是底盘装甲

“底盘装甲”“底盘封塑”是底盘防锈护理的新项目。虽然称呼不同，但都是在汽车底盘的下面喷涂一层 2～4mm 厚的弹性密封材料，犹如给汽车的底盘穿上一层厚厚的铠甲，所以称为底盘装甲。

2. 底盘装甲的意义

现在很多车主除了按规定定期换油、做常规保养外，还会经常为汽车做一些外表漆面的打蜡、封釉、抛光等美容，更会不惜重金装饰车辆的车室内外，但是，大多数忽视了底盘板面的防护。随着使用时间的延长，汽车底盘的磕碰、腐蚀性物质的侵蚀，造成底盘板面损伤和腐蚀（图 2-17），严重时损坏形成安全隐患，因此，做好底盘的技术防护，保证底盘板面安全完好是非常必要的。底盘装甲是一种很好的防护工艺措施，也是重要的防护方法之一。

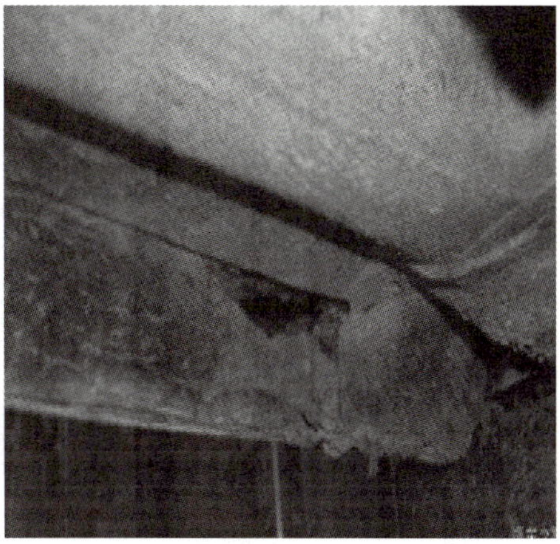

图 2-17　没有装甲而被腐蚀的车底盘状况

3. 底盘装甲工艺介绍

施工是底盘装甲质量的基础，施工流程要严格按照最新的标准执行，清洁度要达到 99%、干燥达到 99.9%。

底盘装甲工艺流程如下：

1）用举升机将汽车举起，拆除车轮和内翼子板；冲洗底盘，去除底盘上粘结的油泥和砂石。可用铁丝网刷把车底附着的泥砂、油污、腐锈和其他杂物刮掉，直到露出金属的本色为止（图 2-18）。再用高压喷枪将缝隙中的水吹出，并用毛巾将水擦干。应做到无尘、无油、无锈迹，新车除蜡。新车可简单擦拭即可。

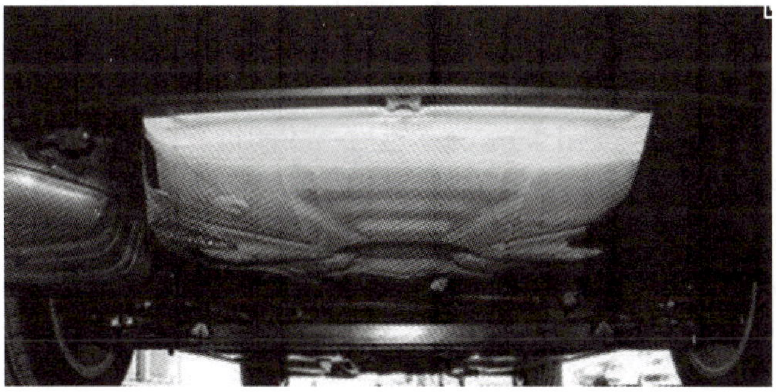

图 2-18　清洁干净的底盘

2）将不需要喷涂的部位（如发动机油底壳、变速器外壳、进气歧管、排气歧管、排气管、减振弹簧、减振器、方向轴等部位）用遮盖纸进行包裹后，用高压喷枪将底盘防锈胶均匀喷覆在车辆底盘上（图 2-19）。底盘装甲的厚度应为 2～5mm，也可根据顾客的要求加厚喷涂。

如果天气晴朗干燥，汽车喷涂 2～4h 后就能投入使用，但完全干燥需要 3 天。在此期间不要用高压水对底盘进行清洗。干燥后的保护膜可以很好地粘附在清洁的汽车底盘上，具有极强的耐磨性和抗腐蚀性。

二、底盘养护

1. 造成底盘早期损坏的原因

1）车辆高速行驶时，路面砂石飞溅而不停地产生撞击，破坏了原车底盘的防锈层（镀

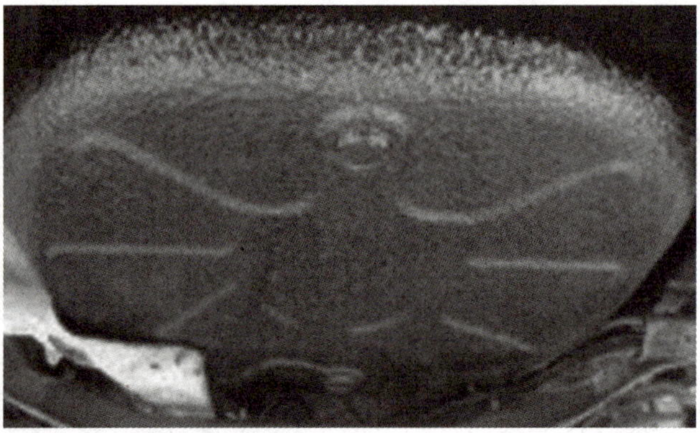

图 2-19　底盘喷覆装甲后的效果

锌层、防锈漆)。

2) 南方雨水中的盐分、北方雪雨中的酸、碱以及融雪剂中的盐等物质长期腐蚀铁板。

3) 人们习惯于在新车内铺一层地板革，虽然美化了室内、便于清洁，但破坏了原车地毯的透气性，使车厢地毯下面经常处于潮湿环境，未挥发的水蒸气渐渐破坏了底盘的防锈漆，造成防锈层脱落后腐蚀铁板。

2. 做好底盘的养护

底盘的损坏会直接影响到行车安全，因此，做好底盘养护是非常必要的。

1) 在日常的汽车养护中，要做好汽车底盘的养护，特别是在冬季或湿滑天气更应该做好底盘清洗及防锈处理。

2) 要注意清除底盘上的泥污，防止潮湿的泥污腐蚀底盘金属。

3) 在清洗后一定要等到底盘上的水分干透后，才能进行防锈护理。

4) 底盘进行护理时，要保持均匀地喷敷涂层，形成一层保留持久的均匀防锈涂层；全部完工后需进行 5 ~10min 的自然风干，底盘防锈处理才算完成。

5) 进行底盘冲洗时不能用碱性清洗剂、洗衣粉等，否则会影响防锈效果并缩短防锈时间。

三、汽车底盘机件损坏急救方法

1. 制动分泵漏制动液或分泵管路折断

方法：可在分泵管路接头处用铁皮、铜皮做个小垫子，将管路堵死，再旋紧螺钉，或者将断口夹扁、卷曲堵漏，使该轮不起制动作用。但这样做可能会造成单边制动，驾驶时要注意安全。

2. 制动总泵缺制动液

方法：可用酒精或白酒代替制动液，特殊情况下可用清水代替制动液。若制动橡胶件发胀，将膨胀的橡胶件放在热水中浸泡 10 ~20min，将橡胶件上的含油成分去掉就可以恢复橡胶件原来的尺寸。

3. 离合器摩擦片烧蚀打滑

方法：对烧蚀不太严重的摩擦片，可翻面后使用。如果烧蚀严重，可将棉布或帆布数层

（其厚度应与原摩擦片一致）用钢丝或铁丝穿过钢片上的孔进行固定。

4. 横拉杆球节断损

方法：在保险杠或其他不影响行驶的地方，卸下一只与球节总长度相似的螺钉用来取代断损的球节，装上转向节臂与螺母后，将螺钉露出部分用锤子铆好。若三轴汽车差速器齿轮损坏，如中、后桥差速器损坏任何一只，都可将该桥传动轴和半轴拆下后继续行驶。若前差速器损坏，可将轮毂接合盘拆下后继续行驶。

出现以上情况时，如果个人处理不了，应及时拨打救援电话，以保证安全行车。

复习题

1. 底盘养护分类有哪些？
2. 底盘各系统的养护内容和方法是什么？
3. 底盘装甲的工艺流程有哪些？
4. 造成车底早期损坏的原因有哪些？

第三章

汽车车身的养护

教学提示：本章讲述车身的正确养护知识，包括车身保护、车身漆膜的养护、车身打蜡、汽车玻璃防护、车门的正确使用、车身内部养护的必要性和养护方法。

教学要求：了解车身保护、漆膜保护的方法和注意事项，掌握汽车玻璃的防护方法，车门的正确使用注意事项，车身内部的养护方法，选用车身美容养护材料的方法和注意事项等。

第一节　车身养护作业项目概述

汽车车身是容纳乘员、货物和驾驶人工作的场所。车身使乘员和货物免受风吹日晒、尘土雨雪的袭击，以及减轻汽车行驶中的振动、噪声和废气的影响。车身上的一些结构和设施还有助于减轻事故后果和行车安全，所以车身的养护十分重要。当漆膜光泽度、客车防尘密封性、客车防雨密封性、汽车主要尺寸、汽车最大允许噪声等一些相关技术参数超出规定时，需要对车身就要进行修理。为延长车身的使用寿命，日常要对车身进行及时的保养。汽车车身的养护作业项目包括以下内容。

一、车身保护

遇雨雾天气出车时，车身表面会有大量的水或水汽，而车身上的微小损伤处暴露出的金属部分会生成铁锈。若天气寒冷，损伤部位的水还会冻结成冰，其张力会将油漆层胀开，使该处产生裂纹。这种情况持续下去，车身表面的油漆将会产生许多裂痕。当轿车遇雨雾天气行驶后，应立即将车身表面的水分擦干。雨天或大雾天时，应将汽车驶入车库，也可用雨布、车罩将车身保护起来。

二、车身漆膜的保护

轿车车身外表漆膜平整光亮、丰满，色泽鲜艳，这主要是轿车生产线采用了先进的涂装技术，而轿车车身漆膜一旦被破坏，就难以修复到原样。这就要求平时更好地保护车身漆膜，并应注意以下事项：

1）避免对漆膜产生强烈冲击、磕碰和划伤。

2）擦洗车时，尽量少用碱性水，并使用干净柔软的擦布、海绵。

3）不要用带有有机溶剂的擦布擦洗外表，并且不要把这种擦布或物品放在漆膜表面上。

4）若无大的损坏，不要轻易进行二次喷漆，防止因结合不好而脱落。

三、汽车打蜡

现代车漆的外层又称为透明漆层（专业名称为罩光洁漆），只有0.03 mm厚，是经不住紫外线、酸雨、盐、碱等污染物的侵蚀的。没有蜡的保护，从新车开始，车漆就会被氧化，汽车就将逐渐失去它原有的光彩，而高质量的洗车、打蜡，能使汽车车漆亮丽。因此，要保持汽车整洁的车容，打蜡是必不可少的。

汽车打蜡时应注意以下事项：

1）新车不要随便打蜡。新车本身的漆层上已有一层保护蜡，过早打蜡反而会把新车表面的原装蜡除掉，造成不必要的浪费。一般新车购回5个月内不必急于打蜡。

2）要掌握好打蜡频率。由于车辆行驶的环境、停放场所不同，打蜡的时间间隔也应有所不同。一般有车库停放、多在良好道路上行驶的车辆，可每隔3~4个月打一次蜡；露天停放的车辆，由于经常受到风吹雨淋，最好每隔2~3个月打一次蜡。一般用手触摸车身感觉不光滑时，就可再次打蜡。

3）打蜡前最好用洗车水清洗车身外表的泥土和灰尘。切记不能盲目使用洗洁精和肥皂水，因其中含有的氯化钠成分会侵蚀车身漆层、蜡膜和橡胶件，使车漆失去光泽、橡胶件老化。如果无专用的洗车水，可用清水清洗车辆，将车体擦干后再上蜡。

4）应在阴凉处给汽车打蜡，保证车体不致发热。因为随着温度的升高，车蜡的附着性变差，会影响打蜡质量。

5）上蜡时，应用海绵块涂上适量车蜡，在车体上直线往复涂抹。一次作业要连续完成，不可涂涂停停；一般蜡层涂匀5~10min后用新毛巾擦亮。使用快速车蜡时，应边涂边抛光。

6）车身打蜡后，在车灯、车牌、车门和行李舱等处的缝隙中会残留一些车蜡，使车身显得很不美观，还可能产生锈蚀，所以应将蜡垢彻底清除干净。

四、汽车玻璃养护

汽车风窗玻璃应该用优质的玻璃清洗液做日常保养，使用质量不合格的玻璃清洗液，甚至使用白酒加水，这些都不是正确的。普通的水不仅不具备清除冰霜的能力，长期使用还会对玻璃及玻璃附近的部件造成不同程度的损害，使玻璃表面与刮水器之间摩擦力增大，产生划痕；而白酒对橡胶有一定的溶胀作用，会加速车漆的老化，同时还会损伤车漆。在购买玻璃清洗液的时候还要认准“环保型”标志。“环保型”的玻璃清洗液一般采用科学合理的环保配方调配而成，在配方中避免使用有毒、有害物质，比较环保、安全。

五、车门的正确使用

车门应保持清洁，避免沾上油污，平时尽可能减少车辆的暴晒。车门密封条不用保养（也无法保养），用湿布擦干净即可。橡胶制品怕热，时间长了会变硬。密封条上的污渍用清水洗不干净时，可以用保养橡胶的喷雾剂进行清洗。

在汽车使用的过程中，还要注意对车身上安装的发动机罩、风窗洗涤器、遮阳板等一些附件进行维护，来延长这些附件的使用寿命。

六、车身内部养护

车身内部的养护十分重要，它直接关系到乘坐人员的身体健康。车身内部不仅要经常通风，补充新鲜空气，而且应经常打扫，清除灰尘等脏物。除了用刷子、吸尘器等工具外，还可以用加入3～4倍水的工业用氨水擦洗内饰。有时也可以喷洒一些消毒杀虫剂，但过后一定要打开车门窗，把气雾排放干净。

相对于绒布座椅来说，真皮座椅容易清洁，灰尘只能落在真皮座椅表面，而不会深入到座椅深层，因此用布轻轻一擦就可以完成清洁工作。对于绒布座椅来说还需要购买坐垫等，否则一旦弄脏，就有可能渗入到座椅内部。

车内的真皮座椅或其他真皮饰件长期使用就会出现褶皱、干裂和粗糙失光、脱色、老化等问题，可以自行使用真皮护理剂简单擦拭，或在进行内饰美容时做彻底的清洁和上光养护，也可以选择“真皮座椅镀膜”工艺，针对汽车真皮饰品做一次深层养护。

真皮受热很容易老化褪色开裂，因此当为车辆配备了真皮座椅时，同时要给车辆玻璃贴膜、加窗帘以减少紫外线等对皮革的损伤。夏季停放车辆时，应尽量选择荫凉处放置。

车用地毯（车垫）要经常拿出来拍打和清洗干净。目前有一些比较好的车用地毯，除了颜色美观，形状合用以外，它还编织成特殊的网格结构，便于将嵌入的沙石、灰土等拍打出来。

过脏的地方需用渗透剂去除难洗的污迹。注意，仪表台只能干洗，因控制电脑、音响等怕水，洗涤后，必须反复用抽水机清洗，将清洗剂去掉。

空调出口、音响等的细小部位清洗比较繁琐，但也要耐心处理，一般拆下清洗比较彻底。

第二节　车身美容养护材料

1. 天文洗车宝（图3-1）

天文洗车宝是根据国内实际情况研制的环保高科技产品，可同时达到去污、打蜡、上光养护的功效，是防尘、抗静电的环保产品。

2. 帕坦汀（图3-2）

帕坦汀是德国PIT化学工业公司生产的一种浓缩全合成材料产品，是一种浓缩全合成、全新颖多聚合物漆面光亮保护剂，采用天然原料，含有可以延迟再粘污的活性剂，可对漆层，特别是对新漆提供长效保护；适用于漆面状况较好的车辆。

图3-1　天文洗车宝

图3-2　帕坦汀

使用方法：

1）保固上光：洗净车身并擦干，将少量帕坦汀涂于局部车身，然后用干净柔软织物用力擦亮。如此扩展至整个车身，保养工作即告完成。

2）清除污迹：将帕坦汀涂于被污染处，例如沥青或鸟粪污染处，略等片刻，用干净柔软织物稍加用力擦拭即可除去。

注意事项：帕坦汀也可用抛光机涂抹。帕坦汀是车蜡的升级换代产品，使用后无须再打蜡。

3. 汽车车蜡（图 3-3）

汽车车蜡分为固体车蜡和液体车蜡；高档和中档车蜡；国产车蜡和进口车蜡。

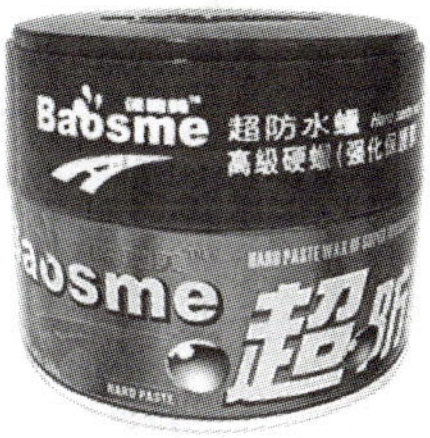

图 3-3　汽车车蜡

汽车车蜡选用注意事项：

1）应根据车蜡的作用特点、车辆的新旧程度、车漆颜色及行驶环境等因素综合考虑选择车蜡。对于高级轿车，可选用高档车蜡。

2）新车最好用彩涂上光蜡，以保护车体的光泽和颜色。

3）夏天宜用防紫外线车蜡；行驶环境较差时，可用保护作用突出的树脂蜡。

4）普通车辆，用普通的珍珠色或金属漆系列车蜡。

5）选用车蜡时，必须考虑与车漆颜色相适应。一般深色车漆选用黑色、红色、绿色系列的车蜡，浅色车漆选用银色、白色、珍珠色系列车蜡。

4. 汽车玻璃清洗液（图 3-4）

图 3-4　汽车玻璃清洗液

玻璃清洗液（俗称玻璃水）特点：具有清洗、防冻、润滑、防水垢等功能，主要成分有水、酒精、乙二醇、缓蚀剂等。

玻璃清洗液选用注意事项：

1）夏季用的清洗液里增加了除虫胶成分，可以快速清除撞在风窗玻璃上的飞虫残留物。

2）冬季使用的防冻型玻璃清洗液可保证在外界气温低于 -20℃时使用。

3）特效防冻型玻璃清洗液，保证在零下 40℃时不结冰，适合我国严寒地区使用。

5. 玻璃镀膜剂（图 3-5）

玻璃镀膜剂一般采用环保配方，能在玻璃表面形成一层极薄的防护膜，利用防护层的吸水性和水分生成低冰点的混合物，使水分不至于在低温条件下生成雾、霜不影响玻璃的透光性和反光性。

图 3-5　玻璃镀膜剂

玻璃镀膜剂选用注意事项：

1）要求玻璃镀膜剂对人体无毒、无害，无腐蚀，使用安全。

2）将镀膜液对准玻璃内侧均匀喷射，用洁净干抹布轻轻擦均匀即可。

第三节 汽车清洗养护

汽车清洗是汽车美容的重要组成部分，也是汽车美容的基础。洗车不仅仅是使汽车清洁亮丽、光彩如新，还可延长汽车漆面的使用寿命。

一、正确清洗保养汽车的方法

1. 选用专业清洗剂

专业化汽车美容应禁止使用碱性清洗剂清洗汽车油漆表面，严格来说，应采用 pH 值为 7.0、含阴离子表面活性剂的清洗剂清洗汽车漆面，才能同时达到清洗去除车身静电、油污和保养的双重目的。对不同属性的材料制成的部件必须使用不同的专业清洗剂。专业清洗剂都是根据现代汽车技术的要求，按照独特的配方和生产工艺而制造出来的，是一般民用清洗剂不能替代的专用清洗剂。

2. 掌握正确的清洗方法

掌握正确的清洗方法才能达到应有的清洗效果。如对发动机表面油污的清洗，应选用具有良好生物降解功能的含阳离子表面活性剂的弱碱性清洗剂，喷洒后应在机器表面停留 2 ~ 3min，待表面活性剂对污垢的润湿、乳化、增容、分散过程完后再用水冲洗。若过早冲洗，油污冲洗不掉，达不到清洗效果。具有生物降解功能的清洗剂用后排放不污染环境。

需要特别注意的是清洗发动机时对电路、电器部分的清洗。现代高级轿车采用技术含量高、智能化电子控制部件，这些部位的电子器件对清洗剂的要求较高。如果对发动机的机械部分和电器部分都使用水基型清洗剂，就可能损坏电器部分的电子器件，使发动机不能正常工作。必须采用易挥发的电子设备专用清洗剂，或采用具有绝缘性的电子元器件清洗剂来清洗电子器件部位。

3. 清洗保养注意事项

1）定期清洗整个汽车内部，每两个月清洁 1 次。

2）尽快清除刚刚沾上的溢出物和污渍，时间越长，污渍就越有可能变成永久性的斑点。

3）使用某去污剂去除十分明显的污渍之前，应该先在一个不显眼的地方测试一下，看看是否会掉色。

4）清洁地毯和布面时切勿用水过多。过度的潮气需要很长时间才能干，并且会存留在织物中，引发霉变。地毯或座位有污垢时，可在硬刷子上缠一块干净的毛巾后擦拭。

5）千万不要在车内材料上使用以下物质，因为会造成损害：汽油、苯、石脑油、四氯化碳、丙酮、油漆稀释剂、松节油、清喷漆稀释剂、洗甲水。只有用户手册特别建议时才可能使用酒精、洗衣皂和漂白剂。

6）用水清洗汽车时，注意不要将水喷到锁孔里。

7）将汽车送进自动清洗设备中清洗时，装有车顶天线的汽车，不用将天线拆下。

8）清洁车身油漆表面时，切勿使用刷子、粗布，以避免留下刮伤痕迹。

9）清洗时，用分散水流喷射，使坚硬的污渍浸润而被冲去，再用海绵从上而下擦洗，最后用布擦掉水迹。

10）清洗发动机舱时，注意不要将水溅到分电器、点火线圈等电气系统的零件上。如果不小心溅到电气系统上，应用干布擦干，或用压缩空气把水吹净并将分电器盖内的水分擦净。

11）洗车应该按照以下顺序进行：车顶、前后盖板、车身侧面、灯具、保险杠、车裙、车轮。

二、普通洗车用品

常用洗车用品包括水源、海绵、毛巾、浴巾、麂皮、板刷等。特种清洗还需要除锈剂和除油剂。下面介绍普通洗车用品。

1. 水源

洗车作业用水要求清洁无污染，严禁使用未经过滤或受污染的水源，以免影响洗车效果，甚至对车表产生损伤或腐蚀。通常情况下，日常使用的自来水就符合洗车用水标准。

2. 海绵

海绵在洗车作业中用于擦拭车身。海绵具有良好的弹性及吸水能力，有利于保护漆面及提高作业效率。对于洗车作业中使用的海绵，在具备上述特点的同时，还应具有一定的韧性、抗拉强度和耐磨性。

3. 毛巾和浴巾

毛巾和浴巾是洗车作业中的易耗用品。为保证清洗效果，在擦拭过程中不应有细小纤维的脱落，为此普通毛巾和浴巾难以满足要求。在洗车中应用的毛巾和浴巾应选用无纺布制品。

4. 麂皮

麂皮在洗车作业中使用广泛，主要用于擦干车表。麂皮质地柔软，有利于漆面的保护，更主要的原因是它具有良好的吸水能力，尤其是对车身表面及玻璃水膜的清除效果极佳。在洗车作业中宜先用毛巾或浴巾对车表擦干后，再用麂皮进一步擦干，以利于延长麂皮的使用寿命。另外，在选用麂皮时，尽可能选择较厚的，其皮质韧性好、耐磨性好。

5. 板刷

板刷主要用于轮胎、挡泥板等处附着泥土垢的清除。由于上述部位泥土附着较厚，不易冲洗干净，所以要在洗车时有针对性地进行刷洗。板刷选用鬃毛刷最佳。鬃毛板刷不但具有较好的韧性和耐磨性，还可以减轻刷洗作业对橡胶、塑料件产生的磨损。

三、洗车的时机

1. 依天气来判断

1）连续晴天时，只要用鸡毛掸子清除车身上的灰尘，再用湿毛巾或湿布擦拭前、后风窗玻璃及车窗与两旁的后视镜。一般先清洁车顶，再清洁前、后风窗玻璃，左、右车窗，车门，最后清洁发动机盖及行李箱盖。如果一直为此种天气，大约 1 周做 1 次全车清洗工作即可。

2）连续雨天时，只要用清水将全车喷洒，使车上的污物掉落，再用湿布或湿毛巾擦拭全车所有的玻璃。但当天晴之后，就得进行全车清洗。

3）忽晴忽雨天气时，需要常常清洗车身。

2. 依行驶的路况来判断

1）行驶在工地或行经工地时，一般车辆都会被工地的污泥溅及。当车辆被溅及时，应立即使用大量清水清洗，以免附着久了伤及烤漆。

2）行驶在海岸有露水或有雾区时，因海水盐分重且又有露水、雾气湿重，应及时用清水彻底清洗一番，否则易使车身钣金因盐分而遭受腐蚀。

3）行驶在山区有露水或有雾区时，只要在停车后，使用湿毛巾或湿布擦拭即可。

4）特殊情形。例如，停车在工地旁受工程所造成的水泥粉波及，或行驶中受工程单位粉刷天桥、路灯的油漆波及，或行驶中受道路维修工程的柏油波及，或行驶中被前方载运污泥车辆掉落的污泥溅及，除应立即用大量清水清洗外，对油漆、柏油类的清洗应在打蜡中进行。

5）定期进行汽车燃油系统清洗、空调系统清洗、汽车散热器清洗、节气门清洗、喷油嘴清洗等。

四、燃油系统的清洗

对于保养性的清洗，采用免拆清洗即可。这样不仅能清洗喷头、进气道和气门，还可以对燃烧室内各部件进行清洗。清洗时，应使用专用设备，能在不破坏燃油系统结构的前提下，快速、安全、彻底地清除燃油系统的积炭，使其恢复正常的空燃比并降低油耗。

对于故障性的清洗，必须采用拆解的方法。

最好每年为燃油系统做一次清洗，这不仅能有效降低油耗，还可以延长发动机的使用寿命。

五、汽车空调系统的清洗

几乎所有的汽车空调里都会藏着一些灰尘和污垢，如果不及时清洗，空调开启时都会有发霉的气味；由于车内空间很小，这些不干净的东西也很容易让人生病。空调清洗有两种方式，可以根据车况选择其中一种。

正常情况下，汽车空调的进风口有花粉滤清器，功能是阻止车辆空调外循环时外部灰尘进入。清洗空调时，要把花粉滤清器摘下，把空调清洗剂从进风口倒进去，同时要关紧空调的出风口，避免空调清洗剂从出风口流出来。这两步做好以后，起动车辆并打开空调，让清洗剂在空调系统里进行内循环，这个步骤要持续几分钟，保证液体循环到空调系统的各个通道。大约5min后，把空调关上，车辆熄火，污物会从空调位于底盘的管道系统排出。如果车辆空调并不是很脏，用这种方法洗最经济。新车应该用这种方法清洗。

另外一种方法是拆洗。拆洗较第一种方法麻烦很多，首先应把仪表台拆开，取出空调的蒸发器，用刷子仔细刷干净。然后把空调重新装上，用第一种方法进行清洗即可。

六、汽车散热器和水套的清洗

汽车车辆的冷却水大都采用自来水源，这些水中含有大量结垢物质及泥沙悬浮物，当冷却水温升高时，结垢物质就会在气缸水套、散热器及冷却水管路沉积成水垢。水垢使发动机功率下降、油耗增加、机件磨损加剧。水系统结垢后，水套和散热器散热能力下降，发动机做功后的废热不能被冷却水带走，导致气缸温度过高，活塞缸的容积效率下降。严重时会出现气缸拉缸、夹缸而损伤发动机。水垢使冷却水温度升高，发动机功率减小，汽车的运载能力下降，耗油量大幅增加。结垢严重时，散热器“开锅”导致汽车不能行驶，只能停车降温或更换冷却水。水垢引起的发动机高温还会使机油润滑工况恶化，机件磨损加剧，维修费用增加。

一般的清洗剂无法彻底清除水垢，还易腐蚀散热器、气缸水套及冷却水管路。汽车散热器结垢以后可以用散热器清洁剂进行清洗除垢。但是，一般的清洗剂，无法彻底清除水道内的水垢和酸性物质，有时也能泡下来大片脱落的水垢而堵塞水道，必要时拆下散热器进行清洗。一般的清洗剂都是酸性的，极易腐蚀散热器、气缸水套及冷却水管路，所以选购散热器清洗剂时，千万不要只图便宜。

第四节　汽车美容护理工艺

现代汽车美容服务大体上可分为：贴防爆隔热膜、车身美容、内饰美容、漆面处理、汽车防护及汽车精品五大部分。

一、防爆隔热膜

需要贴防爆隔热膜的位置有前风窗、后风窗、侧窗。通常用的防爆隔热膜颜色有绿色、天蓝色、灰色、棕色、自然色等。

二、车身美容

车身美容包括电脑洗车，去除沥青、焦油等污物，上蜡增艳与镜面处理，漆面方程式处理，新车开蜡，钢圈、轮胎、保险杠翻新与底盘防腐涂胶处理等项目。

三、内饰美容

内饰美容可分为车室美容、发动机美容和行李箱清洁等项目。其中，车室美容包括仪表台、顶棚、地毯、脚垫、座椅、座套、车门内饰的吸尘清洁保护，以及蒸汽杀菌、冷暖风口除臭、室内空气净化等项目。发动机美容包括发动机冲洗清洁、喷上光保护剂、做翻新处理、三滤清洁等项目。

四、漆面处理

漆面处理可分为氧化膜、飞漆、酸雨处理，漆面深、浅划痕处理，漆面部分板面破损处理及整车喷漆等项目。

五、车身防护

车身防护包括安装防盗器、倒车雷达、倒车影像、静电放电器、汽车语音报警装置等项目。

六、汽车精品

作为汽车美容的延伸项目，汽车精品能满足驾驶人及乘员对汽车内部附属装饰、便捷服务的需求。例如车用香水、蜡掸、脚垫、坐垫、座套、把套等的配置，能使汽车美容服务贴身贴心，宾至如归。

1. 汽车美容护理用品

汽车美容护理用品有车蜡、车釉、清洁剂、玻璃防雾剂、玻璃修补剂、汽车漆、漆面保护膜、积炭净、冷媒、雪种、润滑油、添加剂、润滑剂、防锈剂、抗磨剂、防腐剂、制动液、散热器补漏剂、低温补漏剂、粘合剂、密封胶等。

2. 汽车内饰及外饰

汽车内饰及外饰有汽车地毯、空中放电、桃木饰件、方向盘套、防爆膜、纸巾盒、手机架、眼镜架、保温壶、钥匙扣、点烟器、温度计、遮阳挡板、气压表、靠垫、靠枕、座套、窗帘、晴雨挡板、备胎罩、看位灯、刮水器、冷光灯、轮眉等。

3. 汽车环保产品

汽车环保产品有氧吧、空气净化器、除臭剂、空气净化剂、祛味剂、光触媒、香水、香熏器、熏香油、防眩镜等。

4. 汽车电器

汽车电器有车载冰箱、逆变电器、车用吸尘器、车载洗车机、充气泵、蓄电池、按摩器等。

5. 安全防盗

安全防盗部件有防盗器、GPS 安全防盗、摄像头、中控锁、方向盘锁、车轮锁、雷达测速器、车锁、胎压监视系统、后视系统、汽车缓冲器、车载导航仪等。

6. 音响设备

音响设备有汽车音响、车载电视、车载 DVD 、汽车低音炮、汽车功放、显示器、解码器、均衡器、扬声器、接收器、GPS 汽车航仪等。

7. 汽车电子

汽车电子部件有汽车电子元器件、汽车传感器、智能式传感器、模拟器件、汽车行驶记录仪、电控制动助力、电控悬架、电动转向等。

8. 汽车通信

汽车通信部件有车载电脑、车载电话、车载对讲机等。

9. 改装部件

改装部件有玻璃升降器、轮胎、轮毂、安全带、风标、座椅、儿童安全座椅、按摩椅、大包围、保险杠、定风翼、天窗、排气管、行李架、消声器、消声减振器、隔声材料、脚踏板、喇叭、刮水片、门腕、车灯、氙气灯、吸顶灯、防雾灯、制动灯、转向灯、应急灯、发动机舱壳、不锈钢饰条、行驶记录仪等。

七、汽车车身护理工艺

1）检查汽车，注意有无需要特别处理的柏油、胶粘剂残留、树液或昆虫污渍。

2）预处理受玷污或严重污染的内部地毯或纤维装璜。可用稀释比为 1∶15 的 3M™高效万能清洁剂轻轻刷洗，洗刷后的效果如图 3-6 所示。

3）使用 3M™轮胎重垢清洁剂清洗车轮（图 3-7）。

4）使用 3M™高效万能清洁剂（稀释比为 1∶15）清洗发动机和机舱、轮胎、车轮、车门下围板、车门与车厢帆布等。轮胎清洗后的效果如图 3-8 所示。

图 3-6 刷洗后的效果

图 3-7 清洗轮胎

图 3-8 轮胎清洗后的效果

5）彻底地冲洗所有使用过 3M™ 轮胎重垢清洁剂或者 3M™ 高效万能清洁剂的区域（发动机最后冲洗）。

6）用毛巾或擦垫沾取 3M™ 残胶、柏油清洁剂，将汽车外表面的柏油或者粘胶残留物去掉。

7）在发动机和发动机机舱变干前将 3M™ 发动机外部上光剂（稀释比为 1∶1）喷在上面，合上发动机罩。3M™ 发动机外部上光剂能够任意稀释，以得到理想的光泽效果清洗前后对比如图 3-9 所示。

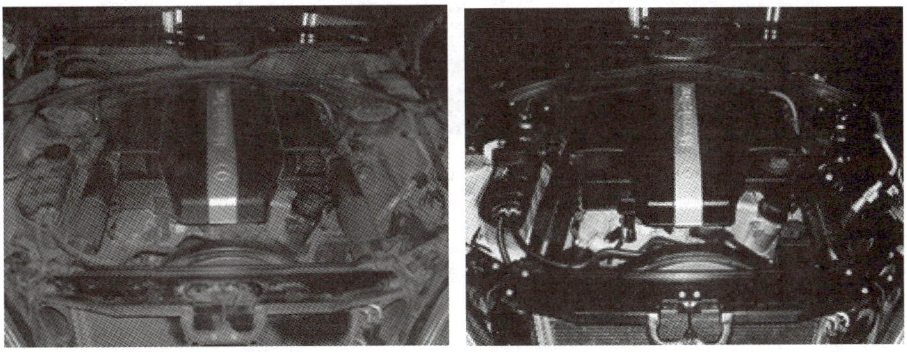

图 3-9 清洗前后对比

8）用稀释比为1∶15的3M™高效万能清洁剂清除昆虫污渍。

9）使用稀释比为1∶100的3M™车身清洁剂和清洁松软的毛巾、海绵或清洁手套清洗汽车。清洗应从顶部开始，逐渐往下，最后擦洗昆虫污渍。

10）用3M™至尊Ⅲ洗车泥去除残留车身的飞漆（图3-10）、化学粉条、污染微粒，用稀释的3M™洗车液作润滑剂。这一步骤也可在汽车干燥后进行，用3M™增艳剂作为润滑剂。

11）用没有稀释的3M™玻璃清洁剂（图3-11）和毛巾将树液沉淀物清除。

图3-10　清洗飞漆

图3-11　清洁剂

护理前后对比如图3-12所示。

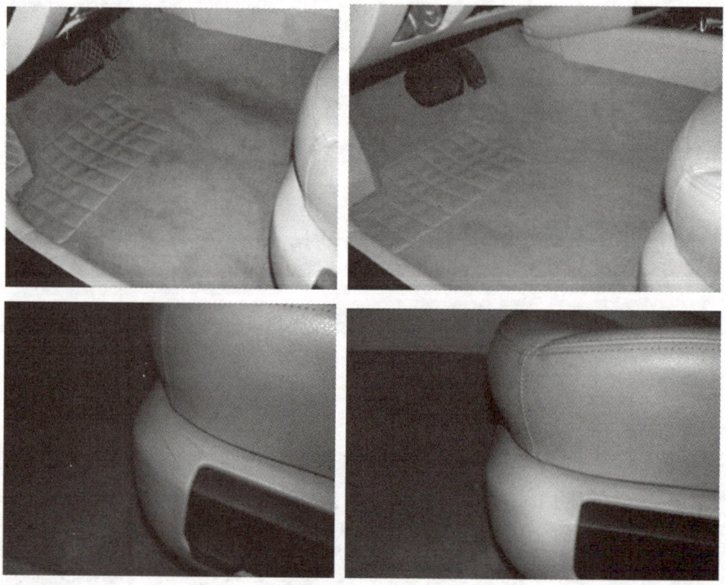

图3-12　护理前后对比

八、汽车底盘刮伤原因与处理

1. 汽车底盘刮伤原因分析与处理方法

1）越过便道行驶时，因汽车底盘离地高度低于便道高度被刮伤（图3-13），其主要的刮伤部位为前保险杠、轮胎、悬架、排气管。

处理方法：遵守交通法规，尽量不把汽车开上便道。如果有刮伤，应到修理部门检查损坏情况并给予维修。

2）因行驶速度较快，在过减速带时颠簸导致底盘被刮伤（图 3-14），主要部位为前保险杠、排气管。

图 3-13　底盘被便道刮伤

图 3-14　被减速带刮伤

处理方法：减速慢行，减少减速带对轮胎的冲击以及车辆减振器的振动幅度，可避免刮伤底盘。如果有刮碰，需检查损伤情况并给予维修或更换零部件。

3）因泥泞路段车辙的中间凸起导致汽车行驶时，磕碰底盘而刮伤（图 3-15），主要损伤部位为前保险杠、悬架。

处理方法：遇上这种路况，以单侧车轮沿中间凸起行走，可以避免中间凸起刮蹭底盘。

4）上下陡坡时底盘被刮伤（图 3-16），主要损坏部位为前保险杠、底盘凸出部位（如半轴、拉杆等）。

处理方法：行驶时，可以采取车辆斜向的方法，即以单侧前车轮先到达坡顶（或坡底），避免托底。如果发现损伤，可到修理部门进行维修或更换。

图 3-15　被路面凸起刮伤

图 3-16　被陡坡刮伤

5）越过没有井盖的下水道口时被刮伤（图 3-17），主要损坏部位为轮胎、轮胎附近的外包围。

处理方法：开车时注意观察路况，注意避让。检查轮胎和外包围，如果有损坏，及时进行维修。

6）跨越路面异物时被刮伤（图 3-18），主要损坏部位为油底壳、悬架、排气管。

处理方法：驾驶时将视线放远，留意观察前方路段是否有异物挡路，提前作出避让。检查相应部位有无损坏，如果有损坏，则需要进行维修。

图 3-17 被路面无盖下水道口刮伤

图 3-18 被路面异物刮伤

7）被破坏的沟槽或坑洞的路面刮伤（图 3-19），主要损坏部位为前保险杠、悬架、轮胎。

图 3-19 被路面沟槽刮伤

处理方法：行驶时注意观察路况，提前避让；如果是必须通过这些凹陷，应将车速降低，慢速通过。检查是否损坏，如果有损坏，则需要进行维修。

2. 减少托底伤害的方法

1）喷涂底盘装甲。如果发动机护板的保护面积太小，可为车辆底盘喷涂一层底盘装甲做全面保护。

2）加装发动机护板。发动机护板能保护发动机免遭路面碎石撞击及异物刮蹭，但这种配置并非所有车型都有。

另外，加装发动机护板其实是有利有弊的：护板能减少托底对发动机的伤害，但会影响发动机散热，而且在车辆发生碰撞时可能会影响发动机下沉，形成安全隐患。因此，在选装护板时，要注意选择合格的产品。

3. 了解底盘的离地间隙，做到心中有数

尽可能地避免出现托底，才是减少托底伤害最实用的方法。因此，平常就要对车辆离地间隙有清晰的了解。

九、定期漆面护理工艺

1. 漆面出现哑光的处理

使用 3M 1013 擦车纸或干净海绵将 3M 水晶硬蜡（39526）均匀地涂覆在车身表面，以适当力度画圈擦拭。等待几分钟，在蜡迹 80% 干透时，使用 3M 39016 神奇抹布将漆面抛亮，获得光亮如新的漆面效果。

2. 漆面出现轻度氧化、非常细微划痕圈纹、水渍或污渍的处理

采用三效水晶钻石乳蜡处理：使用抛光机配以 5725 黑色海绵轮，将 3M 39006 三效水晶

钻石乳蜡均匀涂覆在汽车漆面上，并抛光至返亮效果（图3-20）；最后，使用干净的神奇抹布，迅速擦去抛光后留下的车体抛光蜡、手指印等残留。

3. 漆面出现严重氧化、粗划痕圈纹、酸雨渍或砂纸痕的处理

（1）粗磨抛光　使用3M 39002 配以3M 5723 白色粗抛海绵轮，对抛光机施加中等压力，保持抛光机转速为1800r/min左右，以去除漆面的各种缺陷。

（2）精细抛光　使用3M 39009或39109“梦幻”镜面抛光蜡（其中39009针对深色车，39109针对浅色车）配以3M 5725 黑色波浪海绵轮，对抛光机略施以压力，保持抛光机转速为2000r/min左右，匀速对漆面缺陷进行处理（图3-21）。

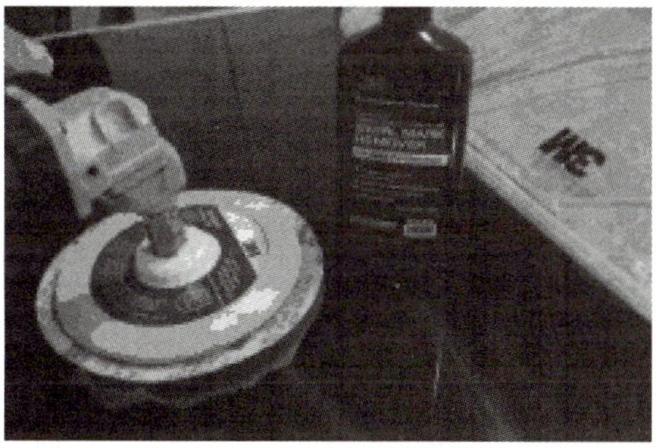

图3-20　去除划痕

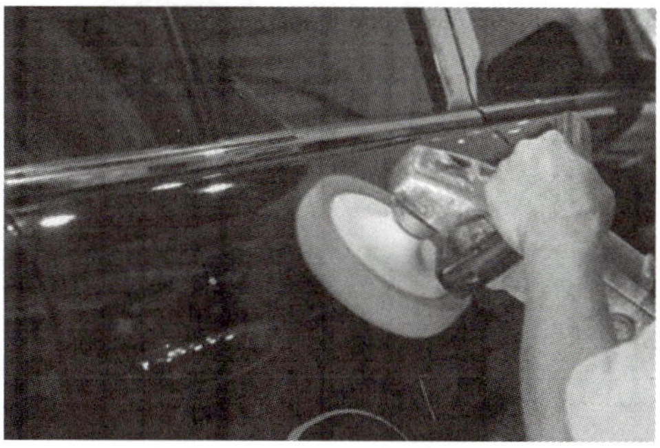

图3-21　漆面护理操作

4. 汽车漆面护理的施工流程

1）用3M洗车泥38070配合清水对漆面上的顽固脏点进行清除，以获得手感光滑的漆面（图3-22）。

2）检查全部漆面，确认漆面上划痕、氧化层、酸雨斑痕、尘点、橘皮等缺陷的程度。

3）对需要进行漆面处理的区域周围做遮蔽处理。

4）粗磨抛光。先擦干车身表面，使用3M 39002 配以3M 5723 白色粗抛海绵轮，对抛光机施加中等压力，保持抛光机转速为1800r/min左右，去除漆面的各种缺陷（图3-23）。

图3-22　获得手感光滑的漆面

5）精细抛光。使用3M 39009或39109“梦幻”镜面抛光蜡（其中39009针对深色车，39109针对浅色车）配以3M 5725 黑色波浪海绵轮，对抛光机略施以压力，保持抛光机转速为2000r/min左右，匀速对漆面缺陷进行处理，获得光亮的镜面效果（图3-24）。

6）保养蜡处理。使用3M 1013擦车纸、干净海绵3M 39526“梦幻”水晶硬蜡，或使用3M 1013擦车纸或海绵将39026“梦幻”水晶乳蜡均匀地涂覆在车身表面，等待几分钟，在蜡迹完全干透前，使用3M 39016神奇抹布将漆面抛亮，获得光亮如新的漆面效果。

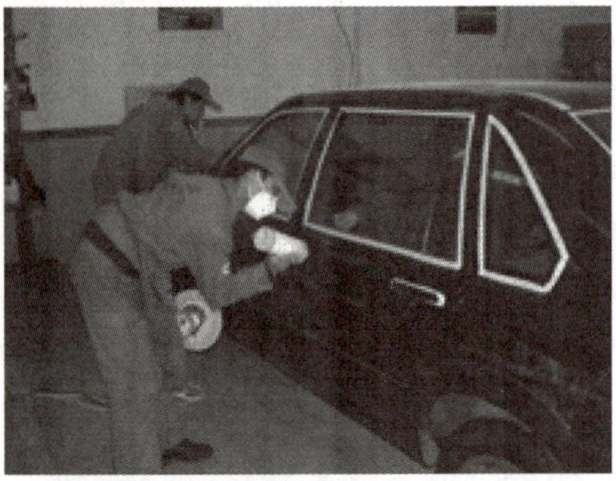

图 3-23　去除缺陷

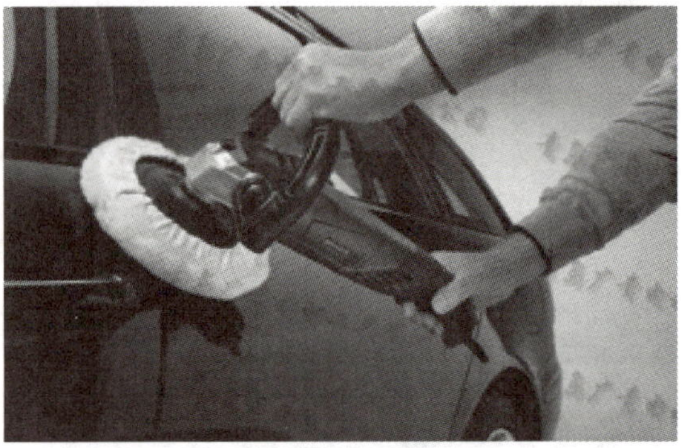

图 3-24　抛光

第五节　汽车漆面养护方法

一、新车车漆首保

新车漆面虽无老化问题，但在使用前应该做彻底的保护处理，因为从产地运输到停车场，车漆已经开始接触空气，并受到雨水、灰尘的侵袭，开始氧化。

对于进口轿车，最先要做的是开蜡。为防止运输过程中海水、海风和阳光的侵蚀，生产厂家会在车辆出厂前在车漆表面涂上一层保护蜡，这种蜡体中含有石蜡、树脂及特氟隆等材料，可对车身维持一年的保护防腐。除去这层蜡最好不要用汽油或煤油擦拭，需选用专业的开蜡液，或者到专业的美容养护店请技师处理。对于国产轿车，因车漆大多采用静电喷涂，漆面呈镜面光泽，故无开蜡需要。

第一次清洗汽车马虎不得，最好是去室内无尘手工洗车房，选用中性温和的洗净剂，必须把车漆表面的沙粒、污物清除干净。有些污物是用肉眼看不到的，如飞漆、树胶、碱、酸等化学成分的污染只用洗净剂是去不掉的，必须用专用去污黏土一点点地擦拭。全车清理完毕后，用振抛机将“釉”封入车漆。封完釉的车一年之内不用再打蜡，只需在清水清洗后用干净的麂皮布擦干即可，而且防氧化、防紫外线、保护车漆不会褪色。最后，必须要在轮胎、保险杠、轮眉等部位涂上相应的保护剂，以防老化。

二、车漆修补

车漆就如同人们穿在身上的衣服，衣服穿久了会脏、会皱、会损伤，就需要洗、需要烫、需要修补。对于车漆来说，就更加需要经常保养与修补。虽然如今将车送到任何一家维修店里都可以做车漆的修补工作，但一些小擦小碰其实可以自己动手做一点简单的修补。

一般小的擦伤，例如油漆表面有伤痕、伤痕泛白或者油漆表面被刮成发丝状都是没有必要补漆的。轻微的，用车蜡就可以处理；严重的，做抛光处理即可。如果刮到车身的钢板，就需要补漆了，因为很小的破损也会使铁板生锈。

三、日常养护

1）车辆使用前、中、后，要及时地清除车体上的灰尘，尽量减少车身静电对灰尘的吸附。

2）雨后及时冲洗。雨后车身上的雨渍会逐渐缩小，使雨水酸性物质的浓度逐渐增大，如果不尽快用清水冲洗雨渍，时间长了就会损害面漆。

3）洗车应待发动机冷却后进行，不要在烈日或高温下清洗车辆，以免洗洁剂被烘干而留下痕迹。日常冲洗车辆时，要用专用洗涤剂和中性活水，不应使用酸、碱性大的洗衣粉、肥皂水和洗涤灵，以防洗掉漆面中的油脂，加速漆面老化。

4）擦洗车辆要用干净、柔软的擦布或海绵，防止混入金属屑和沙粒，勿用干布、干毛巾、干海绵擦车，以免留下划痕。擦拭时，应顺着水流的方向自上而下轻轻地擦拭，不应画圈和横向擦拭。

5）对一些特殊的腐蚀性极强的痕迹（如沥青、鸟粪、昆虫等），要及时清除。对此，必须用专用清洁剂清洗，不要随意使用刀片刮削或用汽油消除，以免伤害漆面。

提示：不要用高压水枪垂直方向冲洗车漆。新车可 3 个月以后再打蜡，打蜡时尽量别用硬蜡，而是用水性蜡。补过漆后，1 周内最好别洗车。

四、保护车漆的方法

1. 先除蜡后上光

新车开蜡要特别注意所使用的产品，选择不当会对车漆造成严重的损伤。用煤油开蜡，蜡虽然开了，但也给车漆造成了细微的划痕。新车漆保护比开蜡更重要，对新车漆的保护就是打蜡。新车蜡有两种，一种称为新车蜡，一种称为新车保护蜡，这是两种完全不同的蜡。一辆新车应先使用新车保护蜡，在日常洗车后使用新车蜡。

2. 打蜡不要划圈

正确的打蜡方式是以直线方式，横竖线交替进行，再按雨水流动的方向最后打一遍，这样才能达到减少车漆表面产生同心圆状光环的效果。

3. 蜡干燥前就擦净

上蜡后要在蜡半干不干、尚未干燥白化时擦净。

4. 车蜡颜色不混淆

黑色车有黑色专用车蜡，红色车有红色专用车蜡，白色车有白色专用车蜡，不可乱用。这些车蜡的去污成分不同，有些还有增艳配方。特别是金属漆，更不能上错车蜡。

第六节 汽车车内装饰

目前国内流行的汽车装饰主要指车内、外的装潢与车内布置。其中，汽车饰品的布置主要是外购一些车用香水、车用杂物袋、水杯架、手机架以及其他的精巧小饰品，来营造一个温馨的空间。一般来讲，汽车饰品较为注重人性化、时尚化的设计，而且在车内布置饰品不用改变汽车的任何设置及性能。

车内装饰污染通常有两种情况，一是车内空气甲醛超标，污染来自座椅沙发垫、车顶装饰等装饰材料；二是苯的含量超标，污染来自粘合剂。甲醛、苯都属致癌物质，轻度中毒会使人头痛、恶心等，重度中毒会出现视物模糊、心律不齐、抽搐和昏迷。

车主要进行车内装饰时，应选择安全环保的材料，装饰过程中选用环保胶；如果车内有异味，要采用净化车内空气的措施，可采用光触媒、臭氧消毒、离子杀毒来净化空气；要勤开车窗，让空气流通。

一、布置车内装饰品的注意事项

在布置车内饰品时，应遵循以下 4 个原则，这样才能保证舒适、安全与时尚双赢。

（1）协调　饰品颜色必须和汽车的颜色相协调，不可盲目追求高品位、高价位，以免弄巧成拙，如浅色车辆的内部配以深色的座套及红色的地毯等。

（2）实用　根据车内空间的大小，尽可能地选用一些能充分体现车主个性的小巧、美观、实用的饰物，如茶杯架、香水瓶、储物盒等。

（3）整洁　车内饰品应干净、卫生、摆放有序，给人轻松、舒适的感觉。

（4）安全　车内饰品绝不能有碍驾驶人的安全行车或乘员的安全，如车内顶部吊物不宜过长、过大、过重，后风窗玻璃上的饰物不要影响倒车视线等。

（5）舒适　车内饰品色彩和质感要符合车主的审美观，香水要清新，不宜太浓等。

特别提示：汽车内部装饰品并不是越贵越好，关键在于适合车主的品位又新颖时尚。

二、车内装饰品

1. 品牌系列

车内吊饰有不少世界著名品牌，如史努比、芝麻街、维尼熊、KITTY、米厅、华纳迪斯尼、TYPE-S、TYPE-R 品王等。注意不能阻碍行车视线。

2. 温馨系列

座套枕套、头枕靠垫、挂饰玩具、方向盘套、后视镜套、驻车制动器套、排挡套、纸巾盒套、护肩等，这些装饰品赏心悦目，而且时尚、温馨。

3. 功能系列

除了具有装饰效果以外，还有一些装饰品具有实用性，如置物盒、电子表、眼镜架、指南球、大视野后视镜、警示牌、方向助力球、安全带夹、手机架、饮料架、票据架、遮阳板袋、CD 杂物袋、儿童安全座椅等。

4. 电器系列

冷暖箱、逆变电源、吸尘器、电子胎压表、打气机、按摩垫、音源转换器、车载免提、车用氧吧、车用剃须刀等，这些现代科技的产物在汽车上的完美应用可以给行车生活带来许多的便利。

5. 芳香系列

香水是最受车主喜爱的车内小饰品，它具有装饰与去除异味的双重作用。一般车用香水有液体香水、出风口香扇、香座、固体香膏等。

6. 野营系列

帐篷、吊床、防潮垫、折叠桌椅、照明灯具、水壶、折叠锹、扁斧等。

7. 闪灯系列

车用室内、室外装饰灯、功能灯。

8. 应急系列

超级车用工具套装、拖车绳、打气机、胎压表、自动卸胎工具等，行车途中出现小小的故障时，这些装饰品会成为驾驶人的好帮手。

复习题

1. 车身如何进行保护？
2. 如何做好车身漆膜的保护？
3. 汽车打蜡时应注意哪些事项？
4. 汽车风窗玻璃养护注意事项有哪些？
5. 如何做好车身内部养护？
6. 简述车身美容养护材料的正确使用方法。
7. 正确的汽车清洗保养方法是什么？
8. 汽车清洗的注意事项是什么？
9. 普通洗车应用的洗车用品有哪些？
10. 简述汽车底盘装甲护理工艺。
11. 如何做好新车车漆首保？
12. 简述车漆的补修方法。
13. 补漆的注意事项有哪些？
14. 保护车漆的方法是什么？
15. 汽车车内装饰品有哪些？
16. 简述车内装饰品有哪些系列。

第四章

汽车电气系统的养护及常见故障排除

教学提示： 在使用和维修汽车用电设备的过程中必须遵循相应原则，否则有可能将电器损坏，或使电路系统短路、断路，造成电路部分或电器损坏。对于电器系统中各用电设备，必须了解其工作原理。

教学要求： 了解汽车发电机和起动机的组成与工作原理，掌握发电机和起动机的检测项目及养护注意事项，了解车灯、轿车仪表板的组成及养护项目，了解刮水器、音响的基本养护方法，掌握车用继电器、安全气囊系统的养护方法及注意事项。

第一节　汽车电气系统总成介绍

一、汽车发电机和起动机

汽车电器有两个关键的部件，一个是发电机（图 4-1），负责汽车电器供电；另一个是起动机（图 4-2），负责汽车起步。两者的电机一样有磁场、电枢和整流元件，但前者是将机械能转换为电能，后者是将电能转换为机械能，两者的构造有很大差异。

图 4-1　汽车发电机

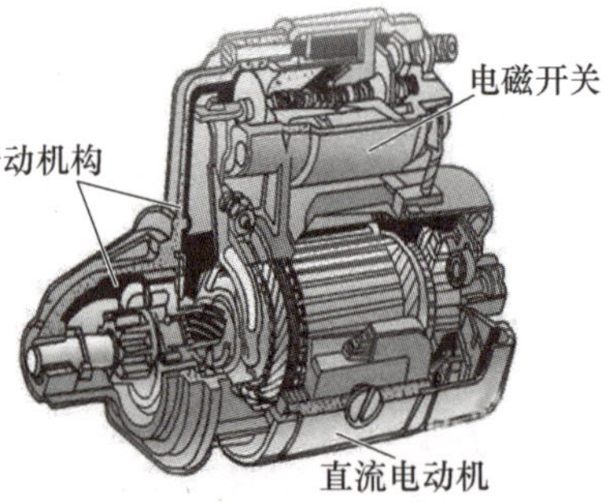

图 4-2　汽车起动机

以前的汽车发电机是直流发电机，用换向器整流，从 20 世纪 70 年代起已经逐步被淘汰，现在的汽车发电机大都是交流发电机，用半导体整流。它具有体积小、功率大、使用寿命长、故障少和低速充电性能好的优点。

交流发电机分为定子绕组和转子绕组两部分，三相定子绕组按照彼此相差 120° 电角度分布在壳体上，转子绕组由两块极爪组成。当转子绕组接通直流电时即被励磁，两块极爪形成 N 极和 S 极。磁力线由 N 极出发，透过空气间隙进入定子铁心再回到相邻的 S 极。转子一旦旋转，转子绕组就会切割磁力线，在定子绕组中产生互差 120° 电角度的正弦电动势，即三相交流电，再经由 6 只硅二极管组成的整流元件变为直流电输出。

由于发电机输出电压会随发动机转速的增高而升高，故要用电压调节器进行调节，使之符合使用需要。现代轿车的发电机都是比较紧凑的，将集成电路调节器放进发电机内装成一体，并且采用多管形式。例如，夏利轿车的发电机有 8 只半导体管，其中 6 只整流用，另外 2 只用于三相中性点的电压整流输出，以提高发电机的功率。

起动机由电动机、驱动机构和操纵机构等组成。它专门起动发动机，需要强大的转矩，因此要通过的电流很大，达到几百安培，这种特性决定了它与发电机的不同。例如，采用直流串励式电动机，转子及定子部分都是用比较粗的矩形截面铜线绕制；驱动机构采用减速齿轮结构；操纵机构采用电磁磁吸方式。

电动机由磁场（定子）、电枢（转子）和整流子组成，为了增大转矩采用多极磁场，常见的有 4 个磁场。当电流通过电枢线圈时，整个线圈会受到一个转矩而转动。由于直流电动机通电后会产生一种反电动势，并与发动机转速成正比，与转矩成反比，因此能满足发动机起动时的要求。起动机起动电流很大，因此，操作时起动时间一定要短。减速齿轮机构的驱动齿轮与发动机飞轮接合而起动发动机，采用单向驱动方式。当电动机上的小齿轮的转速高于发动机飞轮齿圈的速度时，电动机带动发动机转动；当发动机的转速高于电动机时，它们之间的动力传递关系自动解除。

二、轿车仪表板总成

轿车仪表板总成（图 4-3）随时反映出汽车内部机器的运行状态，同时它又是部分设备的控制中心和被装饰的对象。可以说仪表板总成既有技术的功能又有艺术的功能，它反映出轿车制作工艺和风格上的差异，是整车的代表作之一。

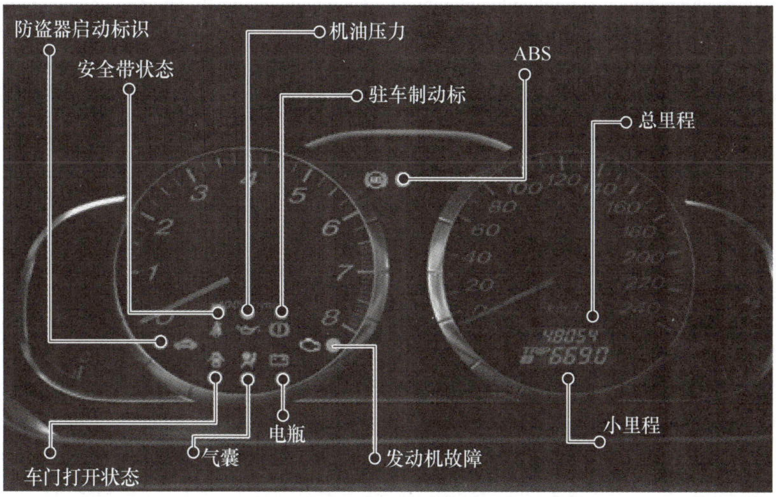

图 4-3　轿车仪表板总成

轿车的仪表板总成一般分成两部分，一部分是方向盘前的仪表板和仪表罩及平台，另一部分是驾驶人旁通道上的副仪表板。其中，仪表板是安装指示器的主体，集中了全车的监察仪表，通过它可以了解发动机的转速、油压、水温和燃油的储量，灯光和发电机的工作状态，车辆的现时速度和里程积累。有些仪表还设有变速档位指示、计时钟、环境温度表、路面倾斜表和地面高度表等。现代轿车多数将空调、音响等设备的控制部件安装在副仪表板上，以方便驾驶人的操作，同时也显得整车布局紧凑合理。

三、轿车车灯

前照灯总成是保障汽车安全运行的重要部件之一，前照灯的灯照距离越远，配光特性越好，汽车行驶的安全性能就越高。随着汽车技术的发展，轿车前照灯也有很大的变化。在现代轿车上，过去那种可装卸的白炽灯泡和白炽真空前照灯都先后被淘汰，而取而代之的卤素前照灯。

目前的轿车前照灯总成比较流行低风阻的新型内装式灯具，外形与车身轮廓相配合。同时，灯罩也做了改革，采用新型聚光玻璃，能提供更远、更广泛的视野区域，不易使迎面而来的驾车者造成眩目。轿车前照灯有两种功能，一种是照明，一种是装饰。

传统的前照灯有两组灯丝，分别射出远和近的光束。远光束亮些，照得远些，主要用于高速行驶；近光束暗些，照得近些，主要用于会车。前照灯的每组光束强弱是不可调的，角度也是在安装的过程中就调整好了。随着轿车行驶速度的不断提升，传统前照灯的照明已经日益显现出它的弊端，在转弯、会车、雨雾天及在高速公路上行驶时，两光束的前照灯会使驾车者不易看清路面，视野狭窄，也容易造成对方驾车者眩目。

在20世纪90年代，欧洲开发了AFS灯光系统的前照灯，日本开发了ILS智能灯光系统。在AFS灯光系统中，每只前照灯组件内有8个反射器，在转弯、高速行驶及雨雾天气等不同情况下受控生成能适应各种驾驶环境的灯光模式。但由于其体积较大，存在装配上的局限性，且灯泡更换不方便，因此推广困难。而ILS智能灯光系统正在向自动控制光线的方向发展，为驾车者提供比较理想的光束模式。智能化灯光系统将会陆续面市。

智能化灯光系统能使汽车前照灯随行驶状况的变化而实时变化，将会出现具有10~15种不同光束的前照灯，相对行驶速度和路面而“随机应变”。例如在高速公路上，汽车前照灯会照亮前方不宽的区域，距离会远一些；当汽车在弯道转弯时，前照灯照亮区域外侧亮度要大一些，使驾驶人看清楚弯道情况，而内侧要暗一些，防止使对面会车的驾驶人眩目。

四、汽车刮水器

刮水器总成由电动机、减速器、四连杆机构、刮水臂心轴、刮水片总成等组成。当驾驶人按下刮水器的开关时，电动机起动，电动机的转速经过蜗轮蜗杆的减速增矩作用驱动摆臂，摆臂带动四连杆机构，四连杆机构带动安装在前围板上的转轴左右摆动，最后由转轴带动刮水片刮扫风窗玻璃。

在一些中高级轿车上，不但前、后风窗玻璃有刮水器，就是前照灯也有一支小小的刮水片，用以清除前灯玻璃上的尘埃。有些车辆的刮水器还装有电子调速器，该调速器附带感应功能，能根据雨量的大小自动调节刮水臂的摆动速度，雨大时刮水臂转得快，雨小时刮水臂转得慢，雨停时刮水臂停止摆动。

刮水器是重要的安全件，它必须能有效地清除雨水、雪和污垢；能在高温（80℃）和低温（-30℃）下工作；能抗酸、碱、盐等有害物质腐蚀；使用寿命达到15万次刮刷循环（乘用车）。

五、汽车音响（图 4-4）

图 4-4　汽车音响

汽车音响技术要注意四点，一是安装尺寸和安装技术，一个是音响本身的避震技术，一个是音质的处理技术，一个是抗干扰技术。

轿车上的音响绝大多数安装在仪表板或副仪表板的位置上，而这些仪表板内的空间比较狭窄，汽车音响主机的体积必然要受到限制，因此国际上就产生了一个通用的安装孔标准尺寸，称为 DIN（德国工业标准）尺寸。标准的 DIN 尺寸为 178mm × 50mm × 153mm（长 × 宽 × 深）。有些比较高级的汽车音响主机带有多碟 CD 音响等装置，安装孔尺寸为 178mm × 100mm × 153mm，又称为 2 倍 DIN 尺寸，多见日本机。而有个别品牌的轿车其音响主机属于非标尺寸，只能指定安装某种型号的汽车音响。所以购置汽车音响，一定要注意音响主机尺寸与仪表板上安装孔尺寸是否适配。

汽车音响的安装除了仪表板安装孔尺寸外，更重要的是整个音响系统的安装，尤其是扬声器和机件的安装技术。汽车的振动比较大，所以汽车音响系统的安装技术要追求高稳定性和高可靠性。

轿车车厢空间有限，汽车音响扬声器是不可能带大音箱的，这就需要因地制宜地利用仪表台、车门、后围隔板等部件与扬声器有机地结合起来，形成一种类似音箱的结构，消除声波的相互叠加现象。当然，扬声器的安装位置往往影响着汽车音响的音质效果，相同扬声器在不同的安装位置就会产生不同的效果，因此中高级轿车音响扬声器的安装位置要经过种种测试后才能确定下来。

汽车音响处在一个非常复杂的环境之中，它随时受到汽车发动机点火装置及各种用电电器的电磁干扰，尤其是车上所有电器都用一个蓄电池，更会通过电源线及其他路径对音响产生干扰。汽车音响的防干扰措施有对电源线的干扰采用扼流圈串在电源与音响之间进行滤波，对空间辐射干扰采用金属外壳密封屏蔽，在音响中专门安装抗干扰的集成电路，用以降低外界的噪声干扰。

六、汽车控制继电器

大部分轿车只要掀起发动机盖找到继电器安装盒，都可以找到继电器。汽车灯光、刮水器、起动机、空调机、电动座椅、电动门窗、防抱死装置、悬架控制、音响等都要使用控制继电器，（图 4-5、图 4-6），它是汽车使用最多的电子元器件之一。

控制继电器有两个主要部分，一个是控制系统，另一个是被控制系统。控制继电器的控制原理是当它的控制系统中输入某种信号（例如电、磁、热、光等物理量）达到一定值时，能使被控制系统（又称输出回路）的被控制量由零突变到一定值，或者由一定值突变到零，从而达到控制、保护、传递和转换信息等作用。以小电流控制大电流是控制继电器的特点。

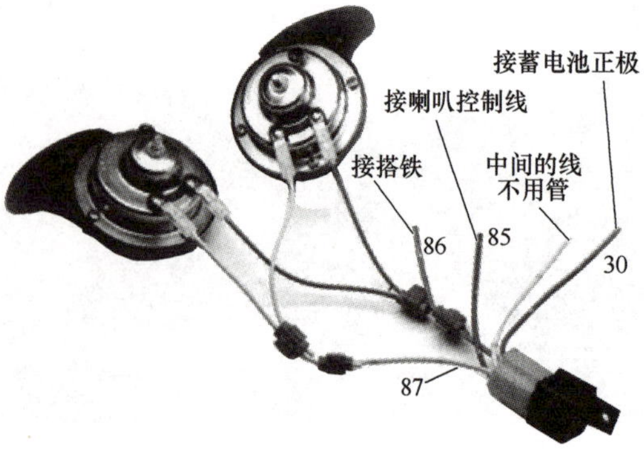

图 4-5 汽车喇叭继电器

图 4-6 汽车继电器

汽车控制继电器技术要求苛刻，因为它要适应振动、高温、低温、潮湿以及油、盐、水等侵蚀性恶劣环境，要求使用寿命长、可靠性高、体积小、低消耗，同时具有电磁兼容性、阻燃性、响应速度快等性能。

目前的汽车控制继电器仍以机械式为主，但已向固态继电器发展。继电器的关键是可靠性，因为一旦继电器出现故障，立即会引起该系统故障，甚至会导致整辆汽车动弹不得。例如起动机继电器出现故障，汽车就无法电起动了。

国产汽车控制继电器按照在用车的不同主要分为两大类，一类是仿欧车继电器，主要为德国和法国引进技术车配套；另一类是仿日车继电器，主要为日本车型配套。在国际市场上，知名的汽车控制继电器生产企业是德国博世（BOSCH）公司。

七、安全气囊

汽车安全气囊（图 4-7）能为乘员提供碰撞后的被动保护，但不能取代安全带。多气囊车型安全气囊的位置如图 4-8 所示。安全气囊生效情况如图 4-9 所示。

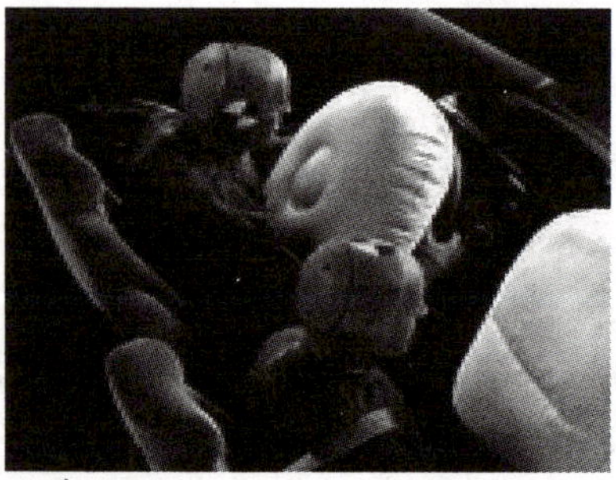

图 4-7 安全气囊

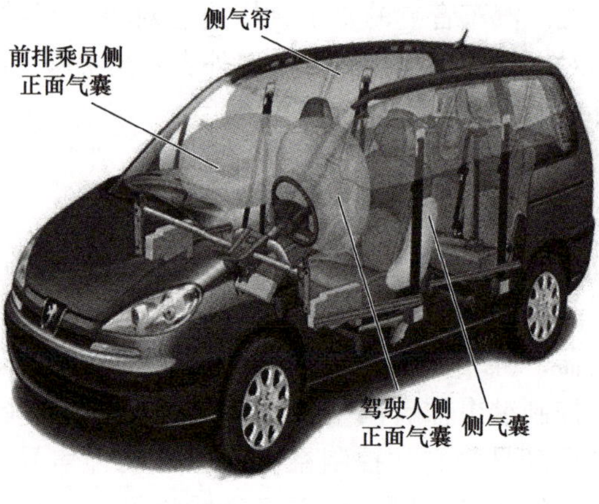

图 4-8 多气囊车型安全气囊的位置

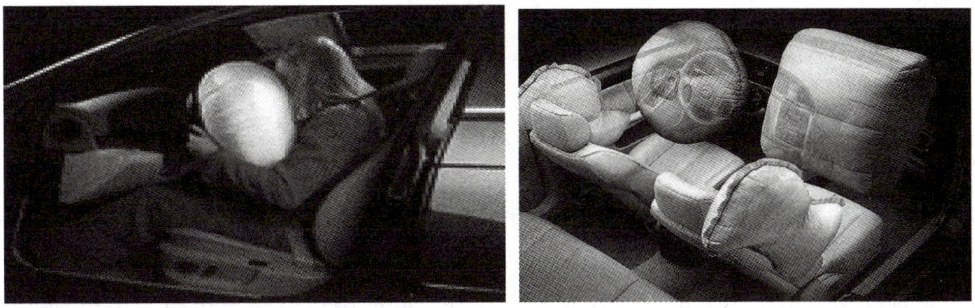

图 4-9　安全气囊生效情况

第二节　汽车电气系统的养护

一、起动机日常使用注意事项

1）经常检查各部分连接状态及导线的松紧情况。

2）清除导线、接线柱上的氧化物以及起动机外部灰尘和油污，使之保持干净。

3）冷天起动时，应使用火焰预热器预热 10～15s 后再使用起动机。

4）起动机只能短时间工作，每次起动时间不能超过 5s。若一次无法起动，应间隔 1～2min 后再起动。

5）发动机起动后，应立即松开起动开关，避免不必要的空转，减少单向离合器的磨损。

二、起动机工作 1000h 的维护

1）清除内部油污和脏物。

2）检查换向器表面是否光洁，电刷在架内是否有卡滞现象，电刷的高度（不得低于原高度的 1/2），电刷与换向器的接触情况。若换向器表面有轻度烧伤，可用“00”号砂纸磨光。若烧伤严重，失圆在 0.05mm 以上，必须重新车光，并用“00”号砂纸磨光。

3）检查电刷的弹簧弹力（用弹簧秤测定），弹簧对电刷的压力应为 0.9～1.5kg，否则应调整或更换。

4）用汽油（或煤油）清洗电枢和驱动机构并烘干。安装时，在摩擦式离合器的摩擦片间涂石墨润滑脂，而螺旋花键部分涂钙基润滑脂。

5）检查励磁线圈的技术状态。

6）检查电磁开关动触点和静触点的表面情况。若烧损或有黑斑，应用“00”号砂纸磨平。

三、汽车交流发电机使用的注意事项

1）蓄电池的搭铁极性必须与交流发电机搭铁极性一致。否则，蓄电池将通过二极管大电流放电，烧坏二极管。

2）整流器的 6 只二极管与定子绕组相连接时，禁止用兆欧表或 220V 交流电源检查交

流发电机的绝缘情况。否则，易使二极管被击穿而损坏。

3）发动机熄火后，应将点火开关断开。否则，蓄电池长时间向磁场绕组放电，使磁场绕组过热而缩短使用寿命。

4）交流发电机运转时，不能用试火的方法检查是否发电。否则，容易损坏二极管及电子元件。

5）调节器与交流发电机的搭铁形式必须相同，否则交流发电机将因无磁场电流而不能输出电压。并且二者的电压等级要一致，否则充电系统不能正常工作。

6）发现交流发电机不发电时，应及时查找并排除故障。交流发电机与蓄电池之间的导线连接要牢固，否则，容易损坏二极管和电子元件。

四、蓄电池的养护

1. 蓄电池的充电

出现下列情况之一时应进行充电：电解液比重降至1.200以下；冬季放电超过25%；夏季放电超过50%；灯光暗淡；起动无力。

蓄电池充电的注意事项：

1）向铅酸电池充电时，要穿上保护衣。

2）充电时，蓄电池附近不能有火花，禁止吸烟。

3）对一个或对多个蓄电池并联充电时，充电器电压不能超过16V。

4）将充电器的正极线接在蓄电池的正极柱上，将负极线接在蓄电池的负极柱上。

5）打开充电器时，先设置到最低电流，然后逐渐提高电流，直至蓄电池开始接受电流。如果是一个深度放电后的蓄电池或是低温下的蓄电池，这一过程可能需要几分钟。

6）如果蓄电池排气口排出酸雾，或蓄电池温度超过了52℃，应立刻停止充电。这些现象表明该蓄电池已损坏，需要更换。

7）当电流降至1A以下或充电超过24h后，充电即完成，可以停止充电。

2. 蓄电池使用注意事项

1）加电解液时，先将电解液摇匀后再加进蓄电池，并注意不得将电解液溅在手上和衣服上。

2）没有标志线的蓄电池，电解液加到高过极板10~15mm即可；有两条红线的蓄电池，电解液不得超过上边红线。

3）加液时，不要让其他物质掉进蓄电池内。如果有物质掉进去，应用干木棒夹出杂质，如果用铁丝或铜丝去勾，金属分子会在硫酸的腐蚀下进入蓄电池形成自放电，损坏蓄电池。

4）应经常检查蓄电池盖上的小孔是否通气，倘若蓄电池盖小孔被堵，产生的氢气和氧气排不出去，电解液膨胀时，会把蓄电池外壳撑破，减少蓄电池的使用寿命。

5）应经常检查电解液的液面高度，并及时添加电解液。在冬季往蓄电池内加补充液时，最好在汽车起动后，发动机运转时开始加入，避免电解液结冰。

6）长期不用的汽车每隔25天左右应将汽车起动起来，用手油门控制中等转速20min左右，否则会因时间太长而导致用车时汽车将无法起动。

7）将蓄电池从汽车上拆下来时，应先拆负极再拆正极，安装时与此相反。充电时，一定要把蓄电池盖拧下，禁止明火接近正在充电的蓄电池口，因为充电时电池内产生的氢气很容易爆燃，炸坏蓄电池、电解液溅出伤人。

8）不要给汽车更换比原来蓄电池容量大的蓄电池。因为汽车上的发电机发电量是固定的，发电量不会增大，如果换了容量大的蓄电池会使新蓄电池充不足电，汽车不能顺利起动，蓄电池长期亏电坏得更快。

9）起动汽车时，每次起动时间不超过3～5s，再次起动间隔不少于15s，如果多次起动仍不着车，需从起动电路（如起动机吸拉线圈及点火电路）及其他方面找原因。

10）应保证电桩与导线接头连接牢固和接触良好，冬季在蓄电池上加装保温装置，以免温度太低，同时增大电阻，按规定调整电解液比重，经常使蓄电池保持在充足电状态，以防电解液比重降低而损坏蓄电池。

11）蓄电池在使用过程中，水分蒸发及充电时水的电解均会使液面降低，因此夏季每隔5～6天、冬季每隔10～15天应检查一次液面高度，并按需要添加蒸馏水。除因泄漏造成的液面降低外，不允许添加电解液，否则会缩短蓄电池的使用寿命。蓄电池液面应高出极板15mm，若液面过高，易外溢，会腐蚀周围零件，还有可能使正、负极桩导通，引起自行放电；若液面过低，极板上部容易露出液面，不但会使蓄电池容量减小，而且外露的极板会很快被硫化。

五、汽车音响养护与故障排除

1. 日常使用注意事项

（1）防潮湿　自行洗车时要关紧车门，清洁车内时，毛巾上尽量不要有太多的水，更不要用喷壶喷水或者用清洁剂之类的液体对着音响喷洒。音响主机上若有灰尘，可以用拧干的毛巾进行擦拭。清洗完驾驶室之后，最好开窗一段时间，等车内大部分水分蒸发后再关闭车窗。

（2）防灰尘　汽车在土路上行驶时，尽量不要开窗，以避免大量灰尘从车外涌入车内，并且应将空调的外循环调整为内循环。

（3）防剧烈震荡　在一般的行驶过程中，汽车的抖动不会造成音响主机的剧烈震动，但有时候需要将音响拆下来，这时不要用力晃动或拍打音响。因为受过剧烈震动后，音响内部有些零部件可能会出现松动或损坏，造成严重故障。

（4）音量不要突然放到最大　音响在使用当中要避免突然将音量放到最大，这样喇叭线圈会烧，对功放会造成影响，振幅突然加大也会烧毁功放。

2. 汽车音响保养方法

（1）经常用湿润的小棉签擦拭　虽然现在部分汽车音响在设计过程中都考虑了防尘的问题，但防护措施也是必要的，可以经常用湿润的棉签擦拭CD机的碟槽以及音响系统的面板。正确的做法是用湿布将尘土轻轻地吸下来。至于按键和旋钮的清理，可以再次使用棉签。

（2）用清理工具清洁磁带和光碟　光碟上的污物不但会影响播放的音质，甚至会对音响造成损伤。CD机的磁头在高速运转时，如果遇到尘土，会使磁头偏离原有的激光轨道，造成声音的失真，并对磁头造成损害。

（3）慢放盘、少换碟　冬季是汽车音响激光头损坏的高发期，因为气候干燥，容易产生静电。放盘的时候最好不要用手直接去摸，不要拿中间，要慢慢放进去，尽量不要频繁换碟，塞盘时动作尽量要轻柔。

3. 常见故障排查

汽车音响由于使用环境的原因，在使用过程中往往比家庭音响更容易出现一些故障。下面介绍一些常见的汽车音响故障及故障的排除方法。

（1）音响左右声道音量不一样　故障排除：首先检查主机平衡钮是否在中间位置，再检查前级输入和输出左右 LEVEL 控制钮是否一样，以及扩大机输入灵敏度左右声道设定是否一样。如果仍无法排除，可将主机信号线左右对调，观察喇叭位置较小的那一边会不会变大，如果会，表示主机有问题；反之，则是后段的问题。

（2）某一声道高音无声　故障排除：先检查分音器的配线是否接通，然后用电表从分音器端测量有没有声音。故障原因可能是错将喇叭线输入端接至低音输出端。

（3）噪声大　故障排除：检查 RCA 信号端子的负端是否接通，如果主机端的 RCA 信号输出端负端已经断路，可用电表测量负端与主机机壳是否接通。

（4）音量时大时小　故障排除：先检查电源地线与车壳的接点是否松动，再检查前级和后级的输入和输出 RCA 是否正常，最后检查灵敏度旋钮是否正常。

4. 音响改装

音响改装是汽车改装重要的组成部分之一。改装后造成音响音质不好的原因有以下几个：

1）安装了伪劣的器材。劣质音响在播放音乐时一定会有缺陷，不可能把音乐完整地表现出来。

2）安装的器材是低档产品。每个品牌都有低、中、高档次的器材，一般低档的器材价格很便宜。

3）安装的器材之间不匹配。不是名牌器材就一定能出好效果。一套好的音响系统配置，不仅仅是简单的搭配，更主要的是要充分发挥每一个器材的作用，挖掘器材的潜力。

4）安装技术和工艺差。汽车音响是半成品，需要由受过汽车音响专业培训的人员进行安装，才能保证音响的质量。

5）调试技术欠佳。要想安装一套好的音响系统，需要具备综合的素质和理论，具备汽车电路、电工原理、声学原理、安装技术工艺、乐理知识等。

六、安全气囊的维护

1）不要在气囊袋盖上或周围放置物体，或者试图将它打开。

2）不要修改属于安全气囊系统的零件及电路，或者自行更改前保险杠及车辆前部车身结构。

3）在安全气囊膨胀过后，可将展开的气囊折叠好并放置于方向盘备用盖口及仪表板内，应尽快更换。

4）打开点火开关后，诊断装置会开启安全气囊指示灯 6 ~ 8s，然后自动熄灭。当安全气囊指示灯不亮、闪烁不定或持续亮着时，说明安全气囊系统有故障。

七、汽车电路故障诊断与检修注意事项

1）拆卸蓄电池时，最先拆下负极（ – ）电缆；装上蓄电池时，最后连接负极（ – ）电

缆。拆下或装上蓄电池电缆时，应确保点火开关或其他开关都已断开，否则会导致半导体元器件的损坏。

2）不允许使用欧姆表及万用表的 $R\times100$ 以下低阻欧姆档检测小功率晶体管，以免电流过载损坏它们。更换晶体管时，应首选接入基极；拆卸时，则应最后拆卸基极。对于金属氧化物半导体管（MOS），则应当心静电击穿，焊接时，应从电源上拔下烙铁插头。

3）拆卸和安装元件时，应切断电源。如果无特殊说明，元件引脚距焊点应在 10mm 以上，以免烙铁烫坏元件，且宜使用相同恒温或功率小于 75W 的电烙铁。

4）更换烧坏的熔片时，应使用相同规格的熔片。使用比规定容量大的熔片会导致电器损坏或产生火灾。

5）靠近振动部件（如发动机）的线束部分应用卡子固定，将松弛部分拉紧，以免由于振动造成线束与其他部件接触。

6）不要粗暴地对待电器，也不能随意乱扔。无论好坏器件，都应轻拿轻放。

7）与尖锐边缘磨碰的线束部分应用胶带缠起来，以免损坏。安装固定零件时，应确保线不被夹住或被破坏。安装时，应确保接插头接插牢固。

8）进行保养时，若温度超过 80℃（如进行焊接时），应先拆下对温度敏感的零件（如继电器和 ECU）。

第三节 汽车电器系统常见故障诊断与排除

一、汽车电器常见故障的诊断方法及步骤

1. 常用诊断方法

1）直观法　通过直观（高温、冒烟、火花、断接等）检查来发现明显故障，提高检修速度。

2）检查保险法　如果某电器突然停止工作，应先查该支路上的保险装置是否动作，如果有动作则查明原因，检修后恢复保险装置。

3）试灯法　检查线束是否开路或短路、电器有无故障。

4）短路法　用一根导线将某段导线或电器短接后观察用电器的变化。

5）替换法　将被怀疑部件用已知完好的部件替换，验证怀疑是否正确。

6）模拟法　用于对各种传感器信号、指示机构工况的判断，此法必须熟悉汽车的电路参数。

2. 诊断步骤

1）验证车主（用户）所反映的情况，并注意通电后各种现象，在动手拆检之前，尽量缩小故障产生的范围。

2）分析电路原理图，弄清电路的工作原理，对故障部位作出推断。

3）重点检查问题集中的电路或部件，验证第二步作出的推断。

4）进一步进行诊断与检修。

5）验证电路是否恢复正常。

二、汽车电器常见故障的诊断与排除

1. 发动机的常见电器系统故障与排除

1）现象：起动十分困难，起动后严重不稳，伴有回火和排气管放炮声。原因：分缸高压线顺序插错。排除方法：重新按点火顺序插好分缸高压线。

2）现象：运转不稳，有缺火停顿现象，越提高转速越严重，伴有排气放炮声。原因：断电器触点间隙过大。排除方法：将触点间隙调至0.35～0.45mm。

3）现象：有失火停顿声，高转速时无改善，点火线圈易发热。原因：断电器触点间隙过小。排除方法：将触点间隙调至0.35～0.45mm。

4）现象：在各种情况下都有失火现象，只有猛踩加速踏板或高速行驶一段时间之后有明显好转。原因：火花塞积炭。排除方法：拆下火花塞清除积炭或更换火花塞。

2. 汽车发电机常见故障与排除

（1）发电机不发电

1）现象：拆取直流电机“磁场”接线柱的接线触碰此接线柱时出现强火花。原因：励磁线圈碰铁。排除方法：拆修励磁线圈消除碰铁点。

2）现象：用螺钉旋具短接“电枢”接线柱与机壳（刮火）无火花，无电刷工作声。原因：直流发电机电刷卡死。排除方法：检查电刷工作情况，更换刷块。

3）现象：刮火无火花，拆除“电枢”接线柱上导线，用蓄电池线碰触此接线柱出现强火花。原因：直流发电机绝缘电刷碰铁。排除方法：更换电刷刷架的绝缘垫片。

4）现象：上项刮火无火花，拆取“磁场”接线柱上导线再碰触此柱时也无火花。原因：直流发电机励磁线圈断路。排除方法：拆修励磁线圈及其连接线。

5）现象：行车中电流表总是指向放电，停车后用纸隔开断电器触点后电流表示数在6A以上。原因：交流发电机导性二极管被击穿。排除方法：更换失效的二极管。

（2）发电机异响

1）现象：在发动机怠速时，站在发电机异侧能听到电刷的“哗哗”声。原因：整流器噪声。排除方法：检查电刷压力和换向器表面。

2）现象：怠速时听到连续而均匀的“哇哇”声，加注油后只能短时间内减弱而不能持久有效。原因：轴承磨损或损坏造成的噪声。排除方法：手持带轮测试轴承间隙，严重者换用新轴承。

3）现象：怠速时能听到“喳喳”声，随转速升高节奏变快，突然加速时会噪声加大。原因：电枢弯曲出现的摩擦噪声。排除方法：拆修转子，校直电枢轴。

4）现象：在怠速时听到似鸟叫声，提高转速时声音变弱，但连续为“吱吱”声。原因：传动带安装失准或张紧度不准而出现噪声。排除方法：检查传动带张紧度和带轮是否对正。

3. 汽车起动机常见故障与排除

（1）起动机不转

1）现象：按喇叭不响，开前照灯不亮，有时前照灯虽亮但一起动起动机即熄灭。原因：蓄电池电缆脱落折断，搭铁线松脱。排除方法：检查电源线，刮除铁锈并紧固搭铁线。

2）现象：按喇叭声音正常，用螺钉旋具短接起动开关上的两主接线柱（接蓄电池、电枢的）则运转正常。原因：起动开关接触盘烧蚀，回位弹簧断裂。排除方法：更换触盘、弹簧，打磨主触点表面。

3）现象：按喇叭响，短接起动开关时电机不转，多次短接起动开关之后起动机无温升。原因：两只电刷同时卡住或电机内部断线。排除方法：检查电刷接触情况及各接线点有无火花。

4）现象：按上项试火时无火花，但用蓄电池正极电缆碰起动机外壳上的“电枢”或“磁场”接线柱时火花很强。原因：励磁线圈或电枢线圈有搭铁故障。排除方法：拆开起动机，检查各线圈的搭铁故障。

5）现象：按喇叭响，短接起动开关的两主接线柱时起动机不转，但起动机有温升，起动机内有“嗡嗡”声。原因：发动机阻力过大或异物卡住起动机。排除方法：用力矩扳手测发动机转动阻力，检查各线圈的搭铁故障。

6）现象：起动起动机时，开关内只有很小的衔铁摆动声。原因：电磁开关的吸拉线圈断路。排除方法：检修电磁开关。

（2）起动机空转，发动机不转

1）现象：起动起动机时其转速很高，发出“嗡翁”的高速转动声，但发动机不转。原因：单向离合器失效。排除方法：检查单向离合器是否失效，如果失效则更换。

2）现象：起动时伴有齿轮撞击的尖锐噪声，小齿轮不能进入啮合位置。原因：单向离合器缓冲弹簧断裂或太软。排除方法：更换缓冲弹簧。

3）现象：同上项，小齿轮啮入前已发出高速旋转声。原因：起动开关行程调整不当。排除方法：调整推片伸出长度。

（3）起动机无力

1）现象：有啮入声，几乎完全转不动曲轴，起动机温升快，有“嗡嗡”声。原因：励磁线圈短路。排除方法：拆检励磁线圈。

2）现象：每次起动都能使曲轴转动，但转速太低，随即被迫停转，俗称“闷住”。原因：搭铁线接触不好或蓄电池电缆过长。排除方法：除掉搭铁点铁锈，选用短蓄电池电缆。

3）现象：起动转速低，连续起动多次后，完全拖不转曲轴。原因：蓄电池亏电或温度过低。排除方法：做补充充电，冬季时为蓄电池保温。

（4）起动机起动时有异响

1）现象：怠速时听到连续而均匀的“哇哇”声，加注油后只能短时间内减弱而不能持久有效。原因：轴承磨损造成噪声。排除方法：手持带轮测试轴承间隙，严重者换用新轴承。

2）现象：怠速时能听到“喳喳”声，随转速升高节奏变快，突然加速时会加速几下。原因：电枢弯曲扫膛声。排除方法：拆修转子，校直电枢轴。

3）现象：在怠速时听到似鸟叫声，提高转速时声音变弱，但连续为“吱吱”声。原因：传动带松紧度不当而出现噪声。排除方法：检查传动带张紧度和带轮是否对正。

复习题

1. 起动机由哪几部分组成？
2. 轿车的仪表板总成有哪些？仪表板上有哪些现实功能？
3. 起动机日常使用注意事项有哪些？
4. 汽车音响技术要注意什么？
5. 汽车控制继电器在车中的主要用途是什么？
6. 汽车电器的常识性维修方法及步骤是什么？

第五章

汽车维护制度及其技术规范

教学提示： 我国现行的汽车维护制度主要分为定期维护和非定期维护两大类，以“定期检测、强制维护、视情修理”为原则。贯彻落实汽车定期维护的技术规范，对保证汽车技术状况、提高汽车运用效率具有重要意义。

本章主要介绍我国汽车维护制度及其技术规范。重点内容是汽车维护原则、汽车维护制度以及汽车维护的具体要求。

教学要求： 了解汽车维护原则，熟悉汽车维护制度的基本内容，掌握汽车维护基本方法。

第一节　我国汽车维护制度发展情况

一、我国汽车维护制度的发展过程

我国的汽车维护制度历经了 3 个主要发展过程。

第一个过程是初步形成我国汽车维修制度的过程。

1954 年，交通部颁布了《汽车运输企业技术标准与技术经济定额》（简称“红皮书”），在全国各运输企业中施行。其中规定：汽车技术保养分为例行保养、一级保养、二级保养 3 个级别，汽车修理分为小修、中修和大修 3 个类别。

第二个过程是汽车维修实行三级技术保养和四类修理过程。

1965 年，交通部颁发了《汽车运用规程》《汽车修理规程》，将汽车保养分为 4 级，即例行保养、一级保养、二级保养和三级保养。

各级保养的重点作业项目是以润滑为中心，二级保养以检查调整为中心，三级保养以部分总成解体消除隐患为中心。

汽车修理分为汽车大修、总成大修、汽车小修和零件修理 4 个类别。

第三个过程是建立新的汽车维护制度的过程。

1990 年 3 月，交通部发布了第 13 号令，对原汽车保修制度的指导原则进行了重大的改革：把“定期保养、计划修理”改为“定期检测、强制维护、视情修理”；取消了大拆大卸的三、四级保养制，改为二级维护制。

1995 年 2 月 25 日，交通部颁布了交通行业标准 JT/T 201—1995《汽车维护工艺规范》，（简称 JT201 规范），并规定从 1995 年 7 月 1 日起在全国交通运输及汽车维修行业中实施。近年来，随着我国汽车工业的飞速发展和道路状况的不断改善，汽车的类型和保有量的快速增加，对汽车安全性的要求越来越高，同时对汽车排放的要求日益严格。

1999 年，交通部组织有关单位和专家对原 JT 201 规范进行了研究、探讨和修改，并起草制定了我国第一个国家标准 GB/T 18344—2001《汽车维护、检测、诊断技术规范》（以下简称《技术规范》），该标准于 2001 年 3 月 26 日获国家质量技术监督局批准，并自 2001 年 12 月 1 日起实施。

二、汽车维护的原则

在 GB/T 18344—2016《汽车维护、检测、诊断技术规范》中明确提出了“定期检测、强制维护、视情修理”作为实施汽车维护制度的原则。

1. 定期检测

定期检测是利用现代化的技术手段、应用现代化的汽车检测诊断设备，定期对汽车进行检查测试，以正确判断汽车的技术状况。定期检测的贯彻与实施是由道路运政管理机构和汽车维修企业共同完成的。

一是道路运政管理机构对所有从事运输的汽车按类型、新旧程度、使用条件和强度等情况制定具体的定期检测制度，使各种车辆在行驶一定里程或时间后，按时进行综合性能检测。

二是定期检测，要求汽车维修企业结合汽车的维护周期进行，以此来确定附加作业项目，掌握汽车技术状况的变化规律，同时通过对汽车的检测诊断和技术鉴定确定汽车需要修理的内容。

2. 强制维护

强制维护是在计划预防维护（定期维护）的基础上进行状态检测的维护制度。强制维护要求车辆行驶一定里程和时间后，到维修企业进行二级维护作业，以保障车辆安全运行。

3. 视情修理

视情修理是随着汽车检测与诊断技术的发展和维修市场的变化而提出的。视情修理以汽车实际技术状况为基础进行修理，汽车的修理内容、作业范围是通过检测诊断后确定的。

三、我国现行的汽车维护的分级及基本要求

我国现行的汽车维护制度主要分为定期维护和非定期维护两大类。

汽车维护的分级见表 5-1。

表 5-1　汽车维护的分级

<table>
<tr><th rowspan="10">汽车维护</th><th colspan="3">分类</th><th>作业重点</th></tr>
<tr><td rowspan="3">定期维护</td><td>日常维护</td><td></td><td>清洁、补给、安全检视，由驾驶人负责</td></tr>
<tr><td>一级维护</td><td></td><td>清洁、润滑、紧固，由维修工负责</td></tr>
<tr><td>二级维护</td><td></td><td>检测、调整、附加修理作业，由维修工负责</td></tr>
<tr><td rowspan="5">非定期维护</td><td rowspan="2">换季维护</td><td>进入夏季维护</td><td rowspan="2">正、反各 8 项作业内容</td></tr>
<tr><td>进入冬季维护</td></tr>
<tr><td rowspan="3">走合期维护</td><td>走合前维护</td><td rowspan="3">重点是对新车或大修后的车辆运行初期进行磨合维护</td></tr>
<tr><td>走合中维护</td></tr>
<tr><td>走合后维护</td></tr>
<tr><td colspan="3">封存和启用维护</td><td>保持车辆性能，防止锈蚀和老化</td></tr>
</table>

1. 汽车日常维护及技术要求

（1）汽车日常维护　汽车日常维护是以清洁、补给和安全检视为作业中心内容，由驾驶人负责执行的车辆维护作业。汽车日常维护作业项目与技术要求见表5-2。

表5-2　汽车日常维护作业项目与技术要求

序号	作业项目	作业内容	技术要求	维护周期
1	车辆外观及附属设施	检查、清洁车身	车身外观及客车车厢内部整洁，车窗玻璃齐全、完好	出车前或收车后
		检查后视镜，调整后视镜角度	后视镜完好、无损毁，视野良好	出车前
		检查灭火器、客车安全锤	灭火器配备数量及放置位置符合规定，且在有效期内。客车安全锤配备数量及放置位置符合规定	出车前或收车后
		检查安全带	安全带固定可靠、功能有效	出车前或收车后
		检查风窗玻璃刮水器	刮水器各档位工作正常	出车前
2	发动机	检查发动机润滑油、冷却液液面高度，视情补给	油（液）面高度符合规定	出车前
3	制动系统	制动系统自检	自检正常，无制动警告灯闪亮	出车前
		检查制动液液面高度，视情补给	液面高度符合规定	出车前
		检查行车制动、驻车制动	行车制动、驻车制动功能正常	出车前
4	车轮及轮胎	检查轮胎外观、气压	轮胎表面无破裂、凸起、异物刺入及异常磨损，轮胎气压符合规定	出车前、行车中
		检查车轮螺栓、螺母	齐全完好，无松动	出车前
5	照明、信号指示装置及仪表	检查前照灯	前照灯完好、有效，表面清洁，远、近光变换正常	出车前
		检查信号指示装置	转向灯、制动灯、示廓灯、危险警告灯、雾灯、喇叭、标志灯及反射器等信号指示装置完好有效，表面清洁	
		检查仪表	工作正常	出车前、行车中

注：“符合规定”指符合车辆维修资料等有关技术文件的规定，以下同

日常维护是发挥车辆效率、减少行车事故、节约维修成本、降低能源消耗和延长车辆使用寿命的重要环节。

（2）日常维护的技术要求　汽车日常维护的目的是保证车辆各部分清洁和润滑，各总成、部件工作正常，尤其是要掌握车辆安全部件的技术状况。

具体要求做到车容整洁，工作介质（燃油、润滑油、动力传动液、冷却液、制动液及

蓄电池电解液等）充足，密封良好，水、电、油、气无泄漏，附件齐全无松动、制动可靠，转向灵敏，灯光喇叭等工作正常。驾驶人作为日常维护的负责人，在对汽车进行日常维护工作过程中，要把握好出车前、行车中、收车后这三个重要环节。

1）出车前的日常维护主要包括：环顾车辆查看有无异常情况，并在起步前对车身、装载、轮胎及轴向松旷量、灯光、喇叭、各种工作液的容量及是否泄漏、转向效能、制动效能等重点部位进行查验。

2）行车中驾驶人要充分运用视觉、听觉、嗅觉和触觉等感觉器官，及时发现行车中的异常情况或故障先兆，并利用中途休息间隔，环绕车辆查验是否出现异常情况。

3）收车后驾驶人不要急于离开，要耐心细致地检查全车外表，检查发动机有无“四漏”，工作介质是否需要添加（冬季时还应注意防冻保温），最后应关闭总电源，拉紧驻车制动，关闭车窗，锁好车门。

2. 汽车一级维护及技术要求

（1）汽车一级维护　汽车一级维护指除完成日常维护作业外，以清洁、润滑、紧固为作业中心内容，并检查有关制动、操作等安全部件，由汽车维修企业负责执行的车辆维护作业。汽车一级维护作业项目及技术要求见表5-3。

（2）汽车一级维护的技术要求　随着汽车行驶里程的增加，有些零部件可能会出现松脱，润滑部位出现缺油、漏油等不良现象，对汽车的操作安全性会形成一定的隐患。汽车的一级维护就是为了及时消除这些隐患而实施的一项运行性维护作业。

随着现代汽车维修技术的发展，汽车免解体清洗技术及汽车检测诊断仪器的运用，使汽车维护作业的技术含量正在逐步提高。因此，一级维护必须由汽车维修企业的专业维护人员来完成。

表5-3　汽车一级维护作业项目及技术要求

序号	作业项目		作业内容	技术要求
1	发动机	空气滤清器、机油滤清器和燃油滤清器	清洁或更换	按规定的里程或时间清洁或更换滤清器。滤清器应清洁，衬垫应无残缺，滤芯应无破损，滤清器应安装牢固，密封良好
2		发动机润滑油及冷却液	检查油（液）面高度，视情更换	按规定的里程或时间更换润滑油、冷却液，油（液）面高度符合规定
3	转向系统	部件连接	检查、校紧万向节、横直拉杆、球头销和转向节等部位联接螺栓、螺母	各部件连接可靠
4		转向器润滑油及转向助力油	检查油面高度，视情添加	按规定的里程或时间更换转向器润滑油及转向助力油，油面高度符合规定
5	制动系统	制动管路、制动阀及接头	检查制动管路、制动阀及接头，校紧接头	制动管路、制动阀固定可靠，接头紧固，无漏气（油）现象

（续）

序号	作业项目		作业内容	技术要求
6	制动系统	缓速器	检查、校紧缓速器联接螺栓、螺母，检查定子与转子间隙，清洁缓速器	缓速器连接紧固，定子与转子间隙符合规定，缓速器外表、定子与转子间清洁，各插接件与接头连接可靠
7		储气筒	检查储气筒	无积水及油污
8		制动液	检查液面高度，视情更换	按规定的里程或时间更换制动液，液面高度符合规定
9	传动系统	各连接部位	检查、校紧变速器、传动轴、驱动桥壳、传动轴支撑等部位联接螺栓、螺母	各部位连接可靠，密封良好
10		变速器、主减速器和差速器	清洁通气孔	通气孔通畅
11	车轮	车轮及半轴的螺栓、螺母	校紧车轮及半轴的螺栓、螺母	紧固力矩符合规定
12		轮辋及压条挡圈	检查轮辋及压条挡圈	轮辋及压条挡圈无裂损及变形
13	其他	蓄电池	检查蓄电池	液面高度符合规定，通气孔畅通，电桩、夹头清洁、牢固，免维护蓄电池电量状况指示正常
14		防护装置	检查侧防护装置及后防护装置，校紧螺栓、螺母	完好有效，安装牢固
15		全车润滑	检查、润滑各润滑点	润滑嘴齐全有效，润滑良好。各润滑点防尘罩齐全完好。集中润滑装置工作正常，密封良好
16		整车密封	检查泄漏情况	全车不漏油、不漏液、不漏气

3. 汽车二级维护及技术要求

（1）汽车二级维护　汽车二级维护指除完成一级维护作业外，以检查、调整转向节、转向摇臂和悬架等，经过一定时间使用后容易磨损或变形的安全部件为主，并拆检轮胎，进行轮胎换位，检查调整发动机工况和排气污染控制装置等，由维修企业负责执行的车辆维护作业。

（2）汽车二级维护的技术要求　汽车二级维护是以消除隐患为目的的性能恢复性作业，尤其是恢复达标的排放性能和恢复安全性能。因此，保证汽车二级维护作业的全面性和彻底性非常重要。

1）全面完成二级维护检测诊断项目。要充分运用现代汽车不解体检测诊断技术和先进的仪器仪表设备，做好进厂的检测，认真完成二级维护作业的检测项目（表5-4）。

表 5-4　二级维护规定的进厂检测项目

序号	检测项目	检测内容	技术要求
1	故障诊断	车载诊断系统（OBD）的故障信息	装有车载诊断系统（OBD）的车辆，不应有故障信息
2	行车制动性能	检查行车制动性能	采用台架检验或路试检验，应符合 GB 7258 相关规定
3	排放	排气污染物	汽油车采用双怠速法，应符合 GB 18285 相关规定；柴油车采用自由加速法，应符合 GB 3847 相关规定

2）加强对汽车二级维护作业过程的检验。二级维护基本作业项目及技术要求见表 5-5。

表 5-5　二级维护基本作业项目及技术要求

序号	作业项目		检测内容	技术要求
1	发动机	发动机工作状况	检查发动机起动性能和柴油发动机停机装置	起动性能良好，停机装置功能有效
			检查发动机运转情况	低、中、高速运转稳定，无异响
2		发动机排放机外净化装置	检查发动机排放机外净化装置	外观无损坏、安装牢固
3		燃油蒸发控制装置	检查外观，检查装置是否畅通，视情更换	炭罐及管路外观无损坏、密封良好、连接可靠，装置畅通无堵塞
4		曲轴箱通风装置	检查外观，检查装置是否畅通，视情更换	管路及阀体外观无损坏、密封良好、连接可靠，装置畅通无堵塞
5		增压器、中冷器	检查、清洁中冷器和增压器	中冷器散热片清洁，管路无老化，连接可靠，密封良好。增压器运转正常，无异响，无渗漏
6		发电机、起动机	检查、清洁发电机和起动机	发电机和起动机外表清洁，导线接头无松动，运转无异响，工作正常
7		发动机传动带（链）	检查空压机、水泵、发电机、空调机组和正时传动带（链）磨损及老化程度，视情调整传动带（链）松紧度	按规定里程或时间更换传动带（链）。传动带（链）无裂痕和过量磨损，表面无油污，松紧度符合规定
8		冷却装置	检查散热器、膨胀水箱及管路密封	散热器、膨胀水箱及管路固定可靠，无变形、堵塞、破损及渗漏，箱盖接合表面良好，胶垫不老化
			检查水泵和节温器工作状况	水泵不漏水、无异响，节温器工作正常

（续）

序号	作业项目		检测内容	技术要求
9	发动机	火花塞、高压线	检查火花塞间隙、积炭和烧蚀情况，按规定里程或时间更换火花塞	无积炭，无严重烧蚀现象，电极间隙符合规定
			检查高压线外观及连接情况，按规定里程或时间更换高压线	高压线外观无破损、连接可靠
10		进气歧管、排气歧管、消声器、排气管	检查进气歧管、排气歧管、消声器、排气管	外观无破损，无裂痕，消声器功能良好
11		发动机总成	清洁发动机外部，检查隔热层	无油污、无灰尘，隔热层密封良好
			检查、校紧联接螺栓、螺母	油底壳、发动机支撑、水泵、空压机、涡轮增压器、进气歧管、排气歧管、消声器、排气管、输油泵和喷油泵等部位连接可靠
12	制动系统	储气筒、干燥器	检查、紧固储气筒。检查干燥器功能，按规定里程或时间更换干燥剂	储气筒安装牢固，密封良好。干燥器功能正常，排水阀通畅
13		制动踏板	检查、调整制动踏板自由行程	制动踏板自由行程符合规定
14		驻车制动	检查驻车制动性能，调整操纵机构	功能正常，操纵机构齐全完好、灵活有效
15		防抱死制动装置	检查连接线路，清洁轮速传感器	各连接线及插接件无松动，轮速传感器清洁
16		鼓式制动器	检查制动间隙调整装置	功能正常
			拆卸制动鼓、轮毂、制动蹄。清洁轴承位、轴承、支承销和制动底板等零件	清洁，无油污，轮毂通气孔通畅
			检查制动底板、制动凸轮轴	制动底板安装牢固、无变形、无裂损。凸轮轴转动灵活，无卡滞和松旷现象
			检查轮毂内、外轴承	滚柱保持架无断裂，滚柱无缺损、脱落，轴承内、外圈无裂损和烧蚀
			检查制动摩擦片、制动蹄及支承销	摩擦片表面无油污、裂损，厚度符合规定。制动蹄无裂纹及明显变形，铆接可靠，铆钉沉入深度符合规定。支承销无过量磨损，与制动蹄轴承孔衬套配合无明显松旷
			检查制动蹄复位弹簧	复位弹簧不得有扭曲、钩环损坏、弹性损失和自由长度改变等现象
			检查轮毂、制动鼓	轮毂无裂损，制动鼓无裂痕、沟槽、油污及明显变形

（续）

序号	作业项目		检测内容	技术要求
16	制动系统	鼓式制动器	装复制动鼓、轮毂、制动蹄，调整轴承松紧度、调整制动间隙	润滑轴承，轴承位涂抹润滑脂后再装轴承。装复制动蹄时，轴承孔均应涂抹润滑脂，开口销或卡簧固定可靠。制动摩擦片与制动鼓摩擦面应清洁，无油污。制动摩擦片与制动鼓配合间隙符合规定。轮毂转动灵活且无轴向间隙。锁紧螺母、半轴螺母及车轮螺母齐全，紧固力矩符合规定
17		盘式制动器	检查制动摩擦片和制动盘磨损量	制动摩擦片和制动盘磨损量应在标记规定或制造商要求的范围内，其摩擦工作面不得有油污、裂纹、失圆和沟槽等损伤
			检查制动摩擦片与制动盘间的间隙	制动摩擦片与制动盘之间的转动间隙符合规定
			检查密封件	密封件无裂纹或损坏
			检查制动钳	制动钳安装牢固、无油液泄漏。制动钳导向销无裂纹或损坏
18	转向系统	转向器和转向传动机构	检查转向器和转向传动机构	转向轻便、灵活，转向无卡滞现象，锁止、限位功能正常
			检查部件技术状况	转向节臂、转向器摇臂及横直拉杆无变形、裂纹和拼焊现象，球销无裂痕、不松旷，转向器无裂损、无漏油现象
19		转向盘最大自由转动量	检查、调整转向盘最大自由转动量	最高设计车速不小于100km/h的车辆，其转向盘的最大自由转动量不大于15°，其他车辆不大于25°
20	行驶系统	车轮及轮胎	检查轮胎规格型号	轮胎规格型号符合规定，同轴轮胎的规格和花纹应相同，公路客车（客运班车）、旅游客车、校车和危险货物运输车的所有车轮及其他车辆的转向轮不得装用翻新的轮胎
			检查轮胎外观	轮胎的胎冠、胎壁不得有长度超过25mm或深度足以暴露出帘布层的破裂和割伤，以及凸起、异物刺入等影响使用的缺陷。具有磨损标志的轮胎，胎冠的磨损不得触及磨损标志。无磨损标志或标志不清的轮胎，乘用车和挂车胎冠花纹深度应不小于1.6mm；其他车辆的转向轮的胎冠花纹深度应不小于3.2mm，其余轮胎胎冠花纹深度应不小于1.6mm

（续）

序号	作业项目		检测内容	技术要求
20	行驶系统	车轮及轮胎	轮胎换位	根据轮胎磨损情况或相关规定，视情进行轮胎换位
			检查、调整车轮前束	车轮前束值符合规定
21		悬架	检查悬架弹性元件，校紧联接螺栓、螺母	空气弹簧无泄漏、外观无损伤。钢板弹簧无断片、缺片、移位和变形，各部件连接可靠。U 形螺栓螺母紧固力矩符合规定
			减振器	减振器稳固有效，无漏油现象，橡胶垫无松动、变形及分层
22		车桥	检查车桥、车桥与悬架之间的拉杆和导杆	车桥无变形、表面无裂痕、油脂无泄漏，车桥与悬架之间的拉杆和导杆无松旷、移位和变形
23	传动系统	离合器	检查离合器工作状况	离合器接合平稳，分离彻底，操作轻便，无异响、打滑、抖动及沉重等现象
			检查、调整离合器踏板自由行程	离合器踏板自由行程符合规定
24		变速器、主减速器、差速器	检查、调整变速器	变速器操纵轻便、档位准确，无异响、打滑及乱档等异常现象，主减速器、差速器工作无异响
			检查变速器、主减速器、差速器润滑油液面高度，视情更换	按规定的里程或时间更换润滑油，液面高度符合规定
25		传动轴	检查防尘罩	防尘罩无裂痕、损坏，卡箍连接可靠，支架无松动
			检查传动轴及万向节	传动轴无弯曲，运转无异响。传动轴及万向节无裂损、不松旷
			检查传动轴承及支架	轴承无松旷，支架无缺损和变形
26	灯光导线	前照灯	检查远光灯发光强度，检查、调整前照灯光束照射位置	符合 GB 7258 的规定
27		线束及导线	检查发动机舱及其他可视的线束及导线	插接件无松动、接触良好。导线布置整齐、固定牢靠，绝缘层无老化、破损，导线无外露。导线与蓄电池桩头连接牢固，并有绝缘层
28	车架车身	车架和车身	检查车架和车身	车架和车身无变形、断裂及开焊现象。连接可靠，车身周正。发动机罩锁扣锁紧有效。车厢铰链完好，锁扣锁紧可靠，固定集装箱箱体、货物的锁止机构工作正常

（续）

序号	作业项目		检测内容	技术要求
28	车架车身	车架和车身	检查车门、车窗启闭和锁止	车门和车窗应启闭正常，锁止可靠。客车动力启闭车门的车内应急开关及安全顶窗机件齐全、完好有效
29		支撑装置	检查、润滑支撑装置，校紧联接螺栓、螺母	完好有效，润滑良好，安装牢固
30		牵引车与挂车连接装置	检查牵引销及其连接装置	牵引销安装牢固，无损伤、裂纹等缺陷，牵引销颈部磨损量符合规定
			检查、润滑牵引座及牵引销锁止、释放机构，校紧联接螺栓、螺母	牵引座表面油脂均匀，安装牢固，牵引销锁止、释放机构工作可靠
			检查转盘与转盘架	转盘与转盘架贴合面无松旷、偏歪。转盘与牵引连接部件连接牢靠，转盘联接螺栓应紧固，定位销无松旷、无磨损，转盘润滑
			检查牵引钩	牵引钩无裂纹及损伤。锁止、释放机构工作可靠

3）认真执行汽车维护竣工出厂检验制度。二级维护竣工检验项目及技术要求见表5-6。

表5-6　二级维护竣工检验项目及技术要求

序号	检验部位	检验项目	技术要求	检验方法
1	整车	清洁	全车外部、车厢内部及各总成外部清洁	检视
2		紧固	各总成外部螺栓、螺母紧固，锁销齐全有效	检查
3		润滑	全车各个润滑部位的润滑装置齐全，润滑良好	检视
4		密封	全车密封良好，无漏油、无漏液和无漏气现象	检视
5		故障诊断	装有车载诊断系统（OBD）的车辆，无故障信息	检测
6		附属设施	后视镜、灭火器、客车安全锤、安全带、刮水器等齐全完好，功能正常	检视
7	发动机及其附件	发动机工作状况	在正常工作温度状态下，发动机起动3次，成功起动次数不少于两次，柴油机3次停机均应有效，发动机低、中、高速运转稳定、无异响	路视或检视
8		发动机装备	齐全有效	检视
9	制动系统	行车制动性能	符合GB 7258的规定，道路运输车辆符合GB 18565的规定	路视或检测
10		驻车制动性能	符合GB 7258的规定	路视或检测

（续）

序号	检验部位	检验项目	技术要求	检验方法
11	转向系统	转向机构	转向机构各部件连接可靠，锁止、限位功能正常。转向时无运动干涉，转向轻便、灵活，转向无卡滞现象 转向节臂、转向器摇臂及横直拉杆无变形、裂纹和拼焊现象，球销无裂纹、不松旷，转向器无裂损、无漏油现象	检视
12		转向盘最大自由转动量	最高设计车速不小于100km/h的车辆，其转向盘的最大自由转动量不大于15°，其他车辆不大于25°	检测
13	行驶系统	轮胎	同轴轮胎应为相同的规格和花纹，公路客车（客运班车）旅游客车、校车和危险品运输车的所有车轮及其他机动车的转向轮不得装用翻新的轮胎，轮胎花纹深度及气压符合规定，轮胎的胎冠、胎壁不得有长度超过25mm或深度足以暴露出帘布层的破裂和割伤，以及凸起、异物刺入等影响使用的缺陷	检查、检测
14		转向轮横向侧滑量	符合GB 7258的规定，道路运输车辆符合GB 18565的规定	检测
15		悬架	空气弹簧无泄漏、外观无损伤。钢板弹簧无断片、缺片、移位和变形，各部件连接可靠，U形螺栓螺母紧固力矩符合规定	检查
16		减振器	减振器稳固有效，无漏油现象，橡胶垫无松动、变形及分层	检查
17		车桥	无变形、表面无裂痕，密封良好	检视
18	传动系统	离合器	离合器接合平稳，分离彻底，操作轻便，无异响、打滑、抖动和沉重等现象	路试
19		变速器、传动轴、主减速器	变速器操纵轻便、档位准确，无异响、打滑及乱档等异常现象，传动轴、主减速器工作无异响	路试
20	牵引连接装置	牵引连接装置和锁止机构	汽车与挂车牵引连接装置连接可靠，锁止、释放机构工作可靠	检查
21	照明、信号指示装置和仪表	前照灯	完好有效，工作正常，性能符合GB 7258的规定	检视、检测
22		信号指示装置	转向灯、制动灯、示廓灯、危险警告灯、雾灯、喇叭、标志灯及反射器等信号指示装置完好有效	检视
23		仪表	各类仪表工作正常	检视
24	排放	排气污染物	汽油车采用双怠速法，应GB 18565的规定；柴油车采用自由加速法，应符合GB 7258的规定	检测

4. 汽车维护周期

（1）汽车日常维护的周期　汽车日常维护的周期为出车前、行车中和收车后。

（2）汽车一、二级维护周期　汽车一、二级维护周期的确定，应以汽车行驶里程为基本依据，对于不便于用行驶里程统计、考核的汽车，可用时间间隔确定一、二级维护的周期。

一、二级定期维护的间隔没有统一的规定，主要是依据车辆使用说明书的有关规定确定，同时依据汽车使用条件的不同，由省级交通行政主管部门规定。采用时间间隔时，可依据汽车使用强度和条件的不同，参照汽车一、二级维护行驶里程周期确定。

确定汽车一、二级维护周期时，应注意以下几个原则：

1）应将汽车制造厂的车辆使用说明书中的有关维护周期的规定，作为制订汽车维护周期的重要参考依据。

GB/T 18344—2016 规定的道路运输车辆一级维护、二级维护推荐周期见表 5-7。

表 5-7　道路运输车辆一级维护、二级维护推荐周期

<table>
<tr><th colspan="2" rowspan="2">适用车型</th><th colspan="2">维护周期</th></tr>
<tr><th>一级维护行驶里程间隔上限值
或行驶时间间隔上限值</th><th>二级维护行驶里程间隔上限值
或行驶时间间隔上限值</th></tr>
<tr><td rowspan="2">客车</td><td>小型客车（含乘用车）（车长≤6m）</td><td>10000km 或者 30 天</td><td>40000km 或者 120 天</td></tr>
<tr><td>中型及以上客车（车长＞6m）</td><td>15000km 或者 30 天</td><td>50000km 或者 120 天</td></tr>
<tr><td rowspan="2">货车</td><td>轻型货车
（最大设计总质量≤3500kg）</td><td>10000km 或者 30 天</td><td>40000km 或者 120 天</td></tr>
<tr><td>轻型以上货车
（最大设计总质量＞3500kg）</td><td>15000km 或者 30 天</td><td>50000km 或者 120 天</td></tr>
<tr><td colspan="2">挂车</td><td>15000km 或者 30 天</td><td>50000km 或者 120 天</td></tr>
<tr><td colspan="4">注：对于以山区、沙漠、炎热、寒冷等特殊运行环境为主的道路运输车辆，可适当缩短维护周期</td></tr>
</table>

表 5-8 是上海大众特约服务站执行的桑塔纳轿车维护作业单。表中所列的维护周期及要求主要针对一般使用情况的车辆而定。在具体操作时，应根据车辆的使用情况和运行条件有所调整。

表 5-8　上海桑塔纳轿车维护作业单

<table>
<tr><th rowspan="2">维护作业</th><th colspan="2">里程数/km</th></tr>
<tr><th>7500</th><th>15000</th></tr>
<tr><td>照明、警告闪光装量、喇叭：检查性能</td><td></td><td>•</td></tr>
<tr><td>刮水器和清洗装置：检查性能，必要时注入清洗液</td><td></td><td>•</td></tr>
<tr><td>离合器：检查行程，必要时调整（非自动调整）</td><td></td><td>•</td></tr>
<tr><td>蓄电池：检查电解液，必要时加入蒸馏水</td><td></td><td>•</td></tr>
<tr><td>发动机：目测有无渗漏（机油、防冻液、燃油及空调系统）</td><td>•</td><td>•</td></tr>
<tr><td>冷却系统：检查冷却液液面高度及防冻能力，必要时更正，并进行压力测试</td><td>•</td><td>•</td></tr>
<tr><td>V 带：检查静止状态与张紧度，必要时张紧或更换</td><td></td><td>•</td></tr>
<tr><td>凸轮轴传动带：检查状态与张紧度，必要时张紧</td><td colspan="2">30000</td></tr>
<tr><td>火花塞：更换（非长效火花塞）</td><td></td><td>•</td></tr>
</table>

（续）

维护作业	里程数/km	
	7500	15000
空气滤清器：清洗外壳，更换滤芯		•
汽油喷射发动机燃油滤清器：更换	80000	
发动机盖：上、下部润滑（包括搭钩）	•	•
门盖铰链、门拉带：润滑	•	•

2）要根据汽车使用条件调整车辆维护周期。汽车的使用条件包括汽车运行地区的地理环境、气候、风沙条件，以及汽车的运行强度（包括负荷大小、运行速度、运行频率）和燃、润料的品质等。汽车生产厂推荐的车辆维护周期只限于一般的使用条件。

3）要结合在用车排放治理情况适当调整维护周期。

第二节 汽车维护的技术规范与规定

按照 GB/T 18344—2016《汽车维护、检测、诊断技术规范》的规定，汽车定期维护的内容主要包括：

1）汽车日常维护作业。

2）汽车一级维护的项目、作业内容和技术要求。

3）汽车二级维护的作业过程。

4）汽车二级维护检测、诊断及其附加项目的确定。

5）汽车二级维护过程检验。

6）汽车二级维护的基本维护项目、作业内容和技术要求。

7）汽车二级维护竣工检验项目和技术要求。

这 7 项主要内容的核心是汽车二级维护的检测、诊断，并根据检测结果确定附加作业项目，以恢复汽车的正常技术状况。

一、汽车日常维护技术规范

1. 日常维护的作业内容

（1）清洁要求　对车辆的外观、发动机外表进行清洁，保持车容整洁。

（2）检视补给要求　对汽车各部润滑油（脂）、燃油、冷却液、制动液及液压油等各种工作介质和轮胎气压等进行检视、补给。

（3）检查安全装置和发动机状况　对汽车制动、转向、传动、悬架、灯光、信号等安全部位和装置以及发动机的运转状态进行检视、校紧，确保行车安全。

2. 日常维护技术规范的举例

以轿车为例，除上述内容外，还应该进行下面的作业：

（1）空气预滤器的维护　空气预滤器位于在空气滤清器之前，用于对空气进行预先过滤，将较大的颗粒收集在空气滤清器的鸭嘴形导管中。维护时，用手将鸭嘴形管口捏开，即可将鸭嘴形导管中的灰排出。

(2) 空气滤清器的维护　使用中，空气滤清器应保持良好的通气性。当滤芯堵塞时，将滤芯从空气滤清器中取出，用手或木棒轻轻敲击，或用小于300kPa的压缩空气从里向外吹，将尘土除掉。同时，将滤清器壳内的灰尘清除掉。不要用湿布擦拭滤芯。装复时，要注意所有连接处的密封性。

(3) 蓄电池的维护　应保持蓄电池的外壳干燥、清洁和通气孔畅通，经常检查电解液液面的高度。缺液时，应及时加入蒸馏水。应在接线柱和接头表面涂上凡士林或润滑脂，以防腐蚀。车辆一个月以上不使用时，需拔下蓄电池负极电缆。

蓄电池如果长期放置，需定时充电，尤其在冬季，必须使蓄电池保持充足电的状态，以防止电解液液面降低而造成蓄电池结冰。

(4) 轮胎的维护　对轿车装用的无内胎轮胎，应经常检查轮胎的气压是否符合标准(包括备胎)、轮胎表面是否有不正常的磨损、开裂和鼓包。拆装轮胎应在轮胎拆装机上进行，并应做动平衡检验。

严禁用手工直接拆装轮胎。更换轮胎时，要注意同一车轴上不要用轮胎牌号不同、新旧程度不同的轮胎。

(5) 发动机怠速的调整　调整怠速应在发动机水温达到80℃以上、空调和冷却风扇不工作时进行。发动机正常怠速应为850±60r/min，空调工作时为950±50r/min。

二、汽车一级维护的技术规范

1. 检查作业及要求

汽车一级维护作业的检查项目主要包括：影响排放性能的发动机点火系统和排气净化装置的工作状况检查、全车各部分密封性能的检查、油液液面检查、发电机等的传动带外观检查等。

上述检查项目一般为人工检视及仪器测量，由维修技工来完成，对检查出来的问题应作相应的小修处理。

2. 检查、调整作业及要求

对发电机传动带、轮胎气压、轮毂轴承间隙及离合器、制动踏板自由行程等有检查、调整的要求，并要求所调整的数据符合该车出厂规定。

3. 检查、紧固作业及要求

汽车一级维护技术规范中对发动机总成及各装置、底盘总成及传动连接状况和车架、车身及车身附件有检查紧固的要求，其紧固力矩应符合规定。

4. 清洁作业及要求

汽车一级维护的清洁作业较日常维护的要求有了进一步的提高：

1）要求除日常维护的清洁之外，对发动机空气滤清器、空压机空气滤清器、曲轴箱通风系统空气滤清器、机油滤清器和燃油滤清器等滤芯进行检查、清洁或更换。

2）要求各滤芯应清洁无破损，上、下衬垫无残缺，密封良好，安装牢固。

3）对变速器、差速器齿轮箱和蓄电池通气孔等要求清洁、畅通。

5. 润滑作业及要求

汽车一级维护技术规范对底盘转向和传动部件及全车各润滑点有润滑的要求，主要对象是万向节十字轴、横直拉杆、球头销、转向节、传动轴中间轴承及万向节。

三、汽车二级维护的技术规范

1. 汽车二级维护工艺过程

汽车二级维护的目的是维护汽车各总成、机构的零件具有良好的工作性能，及时消除故障隐患，保证汽车动力性、经济性、排放净化性、操纵性及安全性等各项综合性能指标满足要求，确保汽车在二级维护间隔内能正常运行。目前，我国的汽车维护制度实行状态检测下的二级维护制度，即车辆在二级维护前应进行检测诊断和技术评定，并根据结果确定附加作业和小修项目，结合二级维护一并进行。

为此，汽车二级维护的工艺过程较一级维护增加了维护前检测诊断，以确定附加作业项目的内容。

汽车二级维护工艺过程的流程如图 5-1 所示。

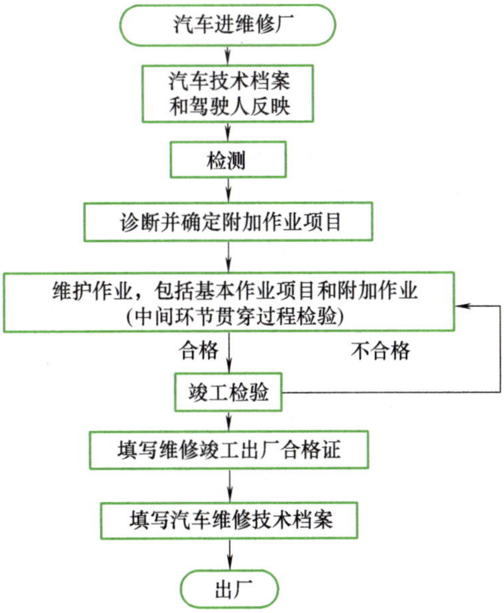

图 5-1　汽车二级维护工艺过程的流程

2. 汽车二级维护检测、诊断及附加作业项目的确定

（1）汽车二级维护检测项目　汽车二级维护检测项目共有 13 项，按检测日的和检测范围可归纳为 7 个方面：

（2）汽车二级维护附加作业项目的确定　根据汽车二级维护检测结果，结合汽车运行等方面的信息，对汽车技术状况进行综合评价，以确定合理的附加作业项目。

1）附加作业项目的确定必须依据仪器设备或观察、路试所得到的结果进行。

2）确定以消除汽车故障为目的的二级维护附加作业项目和作业内容，恢复汽车的正常技术状况。

3）附加作业项目确定后，与基本作业项目一并进行二级维护作业。

3. 二级维护基本作业项目

二级维护是汽车定期维护中最重要的基本作业项目。二级维护的作业项目的内容和作业质量直接影响汽车的运行性能和使用寿命。

GB/T 18344—2016《汽车维护、检测、诊断技术规范》对各车型的合理维护周期、车辆维护作业深度和相关的技术要求做了明确的规定，是道路运输管理部门监督汽车维修企业和道路运输业户与驾驶人执行《汽车维护、检测、诊断技术规范》的重要依据。

汽车二级维护基本作业项目是无论车辆的技术状况好坏都必须完成的内容，它真正体现了强制维护的要求。

作为一个适用于所有车辆二级维护的技术规范，其规定的基本作业项目和要求是原则性的，具有指导意义。

不同车辆二级维护的基本作业项目可根据车型的结构及使用特点有所变更。

4. 汽车二级维护的过程检验

汽车二级维护的过程检验是一项过程质量管理工作，其目的是实现维护过程的质量控制，是落实《汽车维护、检测、诊断技术规范》具体要求，确保汽车维护质量的重要环节。对于汽车二级维护的过程检验有如下要求：

1）维护作业的全过程要实施跟踪检验，即应在二级维护作业项目（包括基本作业项目和附加作业项目）执行过程中全面地、自始至终地实施质量检验。

2）在二级维护作业的整个过程中，要认真做好检验记录。

特别是对有配合间隙、调整数据和紧固力矩等技术参数要求的作业项目，要有检验数据的记录，作为作业过程质量监督的依据，也可为汽车竣工出厂检验提供依据和参照。

3）在过程检验中，各维护项目的技术要求需满足相应的技术标准（即二级维护作业项目中“技术要求”一栏的内容），或按该车出厂说明书的有关规定执行。

5. 汽车二级维护竣工检验

汽车二级维护竣工检验是一项对汽车维修质量进行的检测评定工作。在《汽车维护、检测、诊断技术规范》中明确指出“汽车在维修企业进行二级维护后，必须进行竣工检验，且各项目参数应符合国家或行业标准。竣工检验合格的车辆填写“维护竣工出厂合格证”后才可出厂。检验不合格的车辆应进行进一步的检测、诊断和维护，直到达到维护竣工技术要求为止。”汽车二级维护竣工检验的重点主要是对二级维护及其附加作业项目的质量进行检测评定。

由汽车综合性能检测站按标准进行检测并出具的检测报告作为汽车维修企业的质量检验员签发出厂合格证的依据之一。

第三节　汽车的换季、走合、封存启用维护

一、汽车的换季维护

换季维护指为了使汽车适应季节的变化而实施的特殊的保护性维护。换季维护一般分为换入夏季时的维护和换入冬季时的维护。

冬季转入夏季时，换入夏季维护作业共有以下 8 项作业内容（夏季转入冬季时的维护作业内容与此相反）。

1）检查百叶窗的开闭功能并拆除发动机附件的保温功能与预热起动装置，经整修后妥

善保管。

2）拆洗气缸体和散热器的放水开关，清洗发动机水套，测试节温器效能。

3）放出发动机润滑油（单级油）、空气压缩机润滑油、机油滤清器中的冬季用油。清洗润滑系统，加入夏季润滑油。

4）放出变速器、分动器、差速器及转向器等处的冬季齿轮油。清洗、检查齿轮和轴承，校正主减速器齿轮的啮合间隙，然后加注夏季用齿轮油。

5）清洗轮毂轴承，换用稠度较高的轴承润滑脂。

6）调换进、排气歧管上的预热阀到“夏”的位置。

7）调整发电机、分电器、火花塞间隙以及蓄电池电解液密度。

8）打开润滑油、散热器开关，清通各通气道。

二、走合期维护

走合期维护指对新车或大修后的车辆在运行初期所做的维护。其目的是改善零件表面几何形状和表层物理、力学性能。

走合期维护是确保汽车使用寿命的关键，所以在走合期内要特别注意走合前、走合中、走合后的维护。

1. 走合前的维护

该作业项目主要包括以下 7 项内容：

1）清洗全车外部。

2）检查、紧固外露的螺栓、螺母和锁销。

3）检查冷却液、润滑油、制动液及其他工作液液面是否正常。各结合面是否有渗漏，必要时应进行添加或更换。

4）检查变速器各档是否能够正确啮合，检查转向机构是否灵活可靠，检查制动系统是否灵敏有效。不符合要求的，应予以调整。

5）检查轮胎气压是否符合标准。

6）检查电器、灯光、仪表是否工作正常。

7）检查蓄电池的放电情况、电解液密度和质量。

2. 走合中的维护

走合中的维护一般指完成走合里程一半时的汽车维护，其主要的维护项目包括下面 4 项内容：

1）清洗发动机润滑系统，更换润滑油和滤芯，润滑全车各个润滑工作点。

2）检查制动效能和制动的稳定性，如果不符合要求应立即调整或更换。

3）检查、紧固发动机缸盖和进气道螺栓、螺母及其他外露螺栓。

4）检查轮胎的磨损、温度和气压等状况。

3. 走合后的维护

走合后的维护应结合二级维护对汽车进行全面的清洗、检测、紧固、调整、补给和润滑作业，具体的作业项目包括如下内容：

1）清洗机油盘，更换“三滤”和润滑油。

2）检查、调整离合器踏板和制动踏板自由行程，调整制动器间隙，更换制动蹄片。

3）按技术要求紧固气缸盖螺栓和外露螺栓螺母。

4）清洗、检查变速器、差速器、轮毂、转向节等总成和部件，并进行换油。

5）检查、调整或更换火花塞及调整气门间隙。

6）润滑汽车各个润滑点。

7）拆除限速装置。

三、封存启用维护

车辆的封存启用维护是对较长时间闲置的车辆进行的维护，其目的是在停用期间保持车质、车况处于良好的技术状况。这也是控制车辆使用、节约燃料消耗的一种手段。当车辆较长时间封存时，由于汽车各部位机件受自然条件的影响，会产生锈蚀、橡胶老化等问题，使车辆的技术状况逐渐变坏。因此，必须对所封存的车辆进行必要的维护。

1. 做好二级维护

封存前要进行一次二级维护作业，油漆脱落之处应涂以防锈漆，排净发动机曲轴箱和气缸中的废气和可燃混合气，并向发动机火花塞孔内加注脱水机油，以防化学腐蚀和氧化。密封各总成的孔隙，放松风扇传动带和空气压缩机传动带，对于重要的橡胶制品应涂以JXF橡胶防老化涂料。车辆要用支架支起，使轮胎离开地面。发动机机罩和门窗要关闭严密，并应锁紧。蓄电池应送到充电车间集中保管，按时充电。电解液的密度和液面高度应符合规定，并定期进行检查、维护。

2. 车辆露天封存

要用苫布等物遮盖，防止日晒雨淋，停车方向应尽可能使燃油箱背向阳光，并放尽油箱内的燃油。停放封存车辆的周围不准堆放易燃易爆物品，并应备有消防器材和消防措施。

3. 定期检查

每隔一个月摇转曲轴20～30转，每隔一季度要进行一次原地发动机运转和传动系统的空转试验。检查车辆各系统及总成零部件的工作情况，并给予必要的补充维护作业。每隔半年应进行短距离的空车行驶试验。空驶前的车辆应严格按照出车前的操作规程进行检查，对行驶中和行驶后出现的故障或异常现象要及时进行排除。

4. 妥善保管

封存后的车辆要进行妥善的保护和管理，经常检查封存车辆的外观和技术状况，严格执行封存车辆的维护制度。要最大限度地减少自然侵蚀，保证车辆能在短时间内迅速启封使用。严禁拆卸和挪用车辆上的任何零部件，对随车附属物品或备件要登记造册、严格管理。

5. 启封使用

启封前应进行一次二级维护作业，对车辆进行全面、细致的检查和清洁工作，在进行路试合格后才可以投入正常使用。

复习题

1. 简述我国汽车维护制度的发展过程。
2. 简述我国汽车维护制度的指导原则。

3. 简述汽车日常维护、一级维护、二级维护的主要内容及其基本要求。
4. 汽车日常维护技术规范的主要内容有哪些？
5. 汽车一级维护的技术规范的主要内容有哪些？
6. 汽车二级维护的技术规范的主要内容有哪些？
7. 汽车非定期维护的主要内容有哪些？

第六章

汽车燃料、润料及养护材料

教学提示： 蒸发性、抗爆性、安定性、清洁性和防腐性是汽油的主要使用性能，汽油的选择是根据产品使用说明书来进行选择的，也可根据压缩比进行选择。对于柴油以及其他工作系统中应用的液体（如机油、润滑脂、冷却液、制动液、自动变速器油、齿轮油等）都有各自相应的性能。

教学要求： 了解养护材料的作用，掌握汽车常用燃料的特点、选择的方法及使用注意事项，掌握车用其他润滑液、工作液的特点、选择方法及使用注意事项。

第一节　汽车燃料的选用及注意事项

一、汽油

1. 汽油的特点

汽油的特点主要表现在蒸发性、抗爆性、安全性、清洁性和抗腐蚀性能等几个方面。

（1）汽油的蒸发性　汽油由液体状态转化为气体状态的性能称为汽油的蒸发性。汽油对蒸发性的要求较高，汽油的蒸发性越好，就越容易汽化，可以形成品质良好的可燃混合气。为了保证发动机在寒冷的冬季能顺利起动，在炎热的夏季不容易产生“气阻”现象，并能比较充分的燃烧，汽油应具有良好的蒸发性能。汽油的蒸发性不宜太好，否则，会使汽油在保管时蒸发损耗增大，特别是在温度较高时，汽油在油路中蒸发成气体，在汽油泵、油管等曲折处或较热部位形成气泡，阻碍汽油流通，使供油不畅甚至中断，造成发动机熄火。汽油的蒸发性一般由炼油厂来控制。

（2）汽油的抗爆性　汽油的抗爆性指汽油在发动机内燃烧时，防止产生爆燃的能力。发动机的压缩比越高，进入气缸的汽油就越容易产生爆燃现象。因此，高压缩比的发动机虽然经济性比较好，但爆燃倾向严重，要求使用抗爆性好的汽油，以保证发动机运转正常，不发生爆燃，充分发挥发动机的功率。汽油的抗爆性通常用辛烷值（即汽油的标号）来表示。汽油标号越大，抗爆性就越好。

（3）汽油的安定性　汽油的安定性指在正常储存和使用条件下，保持其性质不发生永久变化的能力。安定性不好的汽油，在储存和运输过程中容易发生氧化反应，生成分子量较大的胶状物质和酸性物质，使辛烷值降低、酸性增加、颜色变深。如果使用胶质过多的汽油，容易阻塞油路，导致输油量不足，混合气变稀；使气门粘着而关闭不严；使积炭增加、气缸散热不良，导致早燃和爆燃；沉积在火花塞上的积炭还会造成点火不良，甚至不能产生电火花，最终导致发动机功率下降，油耗增加，甚至使发动机不能工作。

（4）汽油的防腐性　汽油的防腐性指防止汽油对发动机零件产生腐蚀的性能。它要求汽油的腐蚀性能要小，不应引起发动机零件的腐蚀。

（5）汽油的清洁性　汽油的清洁性指汽油中是否含有机械杂质和水分。从炼油厂出厂的成品汽油中没有机械杂质和水分，但在运输、储存、灌注和使用过程中，汽油不可避免地会受到外界污染，常有机械杂质（锈、灰尘及各种氧化物）和水分混入汽油中。汽油中的机械杂质会加速电喷系统量孔的磨损、堵塞汽油滤清器，机械杂质进入燃烧室会加速气缸、活塞和活塞环的磨损。汽油中的水分在冬季结冰，会造成滤清器和油路堵塞，严重时终止供油；同时水分还有加速腐蚀、加速汽油氧化生成胶质物质以及破坏汽油中的添加剂等不良作用。

2. 汽油的牌号及选用

我国车用汽油（国Ⅴ）按研究法辛烷值分为89号、92号、95号、98号4个牌号。根据汽车出厂规定选用汽油是最常用的方法。在随车提供的汽车使用说明书中一般对使用汽油的牌号有明确的规定和说明（汽车使用说明书是汽车生产厂为保证汽车能正常、可靠的行驶，充分发挥和保持良好的技术性能，延长汽车使用寿命而提供给用户的使用须知，是汽车使用技术的主要依据）。如果不按照使用说明书规定的要求选用规定牌号的汽油，所产生的危害是很大的。若高压缩比的发动机选用低牌号汽油，发动机极容易产生爆燃，发动机爆燃过久，容易造成活塞烧顶、环岸烧损、活塞环断裂等故障，加速了机件的损坏；若低压缩比的发动机选用高牌号的汽油，则会使生产成本增加。

（1）根据发动机压缩比选用汽油　汽油使用的一般的原则是：

1）压缩比为7.0~8.0的汽油机应选用92号汽油。

2）压缩比在8.0以上的汽油机应选用95号或98号汽油。

国产汽油辛烷值的离散度比较大，油品质量级别较低。因此，按规定牌号使用汽油时，如果所用牌号汽油的抗爆性不能满足该车型要求时，应选用更高一级牌号的汽油。

（2）根据汽车使用条件选用汽油　在选用汽油牌号时，还要考虑发动机使用条件、海拔、大气压力等因素。经常处于大负荷、大转矩、低转速状况下使用的汽油机，容易产生爆燃，应选用较高辛烷值的汽油；高原地区由于大气压力小、空气稀薄，汽油机工作时爆燃倾向减小，可适当选用低牌号汽油。

3. 汽油使用的注意事项

1）根据使用汽油的牌号对发动机进行适当的调整。当汽油发动机使用辛烷值低于规定牌号的汽油时，应调整点火和供油系统。如果使用了推荐的汽油，在平地或稳速行驶中仍能听到持续的爆燃声，应检查发动机调校的状态、汽油的品质和发动机的压缩比等项内容。如果在加速中或在爬坡行驶中，在较短的时间内，听到一些轻微的爆燃声属于正常现象，不必担心。

2）根据海拔进行调整。要根据汽车行时地区的海拔及时调整点火提前角。汽车从平原（或高原）行驶到高原（或平原）后，应及时将点火角适当提前（或推迟）一些。

3）“气阻”现象的预防。汽车在炎热夏季或高原、高山地区行驶时，应选用隔热材料将汽油泵和输油管隔开，尽量减少输油管路的弯角，并加强发动机室的通风，以防止产生气阻。如果已产生气阻，则可以向汽油机的汽油泵、输油管道和进气管道上洒冷水或停车使发动机自然降温。

4）防止汽油中生成胶质。汽车燃油箱要经常装满汽油，尽量减少燃油箱中的空气量，以减少胶质生成。

5）使用汽油时应注意防火。汽油是易燃物品，汽油蒸汽与空气混合后容易着火，甚至爆炸。储存、装卸汽油的场所应严格防火、防爆。

二、柴油

柴油是压燃式内燃机的燃料，分为轻质柴油和重质柴油两类。轻质柴油适用于全负荷转速不低于1000r/min的高速柴油机。

1. 柴油的特点

柴油的主要特点表现在蒸发性、发火性、低温流动性能、安定性、防腐性、清洁度等几个方面。

（1）柴油的发火性　柴油的发火性（也称为自燃性）指柴油与空气形成可燃混合气后，在压力的环境中自行发火燃烧的能力。柴油的自行发火燃烧温度较低，其自燃能力强，发火性能好。发火性能好的柴油，可以在较低的温度下自燃着火，其着火延迟期短，燃烧前在气缸内积聚的柴油不多，燃烧后压力上升平稳，柴油机工作比较柔和。

柴油的发火性常用十六烷值来评定。十六烷值高，柴油的发火性能好，自燃能力强，喷入气缸后能较早发火燃烧，可使柴油机工作柔和，噪声小，起动性能好；十六烷值低，则柴油机工作粗暴，噪声大，起动性能差。

柴油机的十六烷值越高，则柴油机越容易起动；但十六烷值超过65时，柴油的凝点较高、馏分较重、蒸发性差、易裂化以致排气冒黑烟、耗油量高。

（2）柴油的蒸发性　柴油的蒸发性反映柴油由液态变为气态的能力。

（3）柴油的低温流动性　评定柴油低温流动性的指标有凝点、浊点和冷凝点。柴油凝点指柴油失去流动性时的温度。在我国轻柴油就是按照柴油的凝点来划分标号的，即柴油的标号代表着柴油使用时所能适应的温度。

柴油在凝固之前，随着温度下降，会析出石蜡小结晶而变得混浊。在试验室条件下进行测定，当柴油混浊到与标准物的颜色相同时的温度即为浊点。

柴油的黏度表示柴油的稀稠程度。它决定柴油的流动性能和润滑性能。柴油的黏度越小，流动性越好，但黏度过小，会使精密机件的磨损，并使柴油泄漏量增加，使实际供油量减少；若黏度过大，使柴油滤清、沉淀过程缓慢，供油阻力增大，并影响燃烧喷出和雾化。

（4）柴油的清洁性　柴油的清洁性用灰粉、水分和机械杂质等指标来评定。

灰粉是油中不能燃烧的矿物质，呈粒状，非常坚硬，能在摩擦副间起磨料作用，并且具有侵蚀金属作用，是造成气缸壁与活塞环磨损的重要原因之一。

2. 柴油的选用

根据车辆使用地区和季节的不同，选用比较适应气候特点的柴油是柴油选用的基本原则。一般选用柴油的凝点应比最低气温低5℃左右，以保证柴油在最低气温时不致凝固，以免影响使用。

各种柴油的适用范围如下：

1）5 号轻柴油适合在最低气温高于 8℃的地区使用。

2）0 号轻柴油适合在最低气温高于 4℃的地区使用。

3）－10 号轻柴油适合在最低气温高于－5℃的地区使用。

4）－20 号轻柴油适合在最低气温高于－14℃的地区使用。

5）－35 号柴油适合在最低气温高于－29℃的地区使用。

6）－50 号柴油适合在最低气温高于－44℃的地区使用。

3. 柴油使用的注意事项

1）保持柴油的清洁。在加注柴油之前，要经过充分沉淀，沉淀时间最好在 3 天以上。加油时应仔细过滤，以防机械杂质的混入。在操作时，还应保持储油容器和加油工具的清洁。

2）不同牌号的柴油可以混用。不同牌号的柴油可掺兑使用，并可根据气温情况适当调配，以充分利用资源。但应注意掺兑后的凝点不是两种牌号柴油的平均值，要比两者平均值稍高一些。掺兑时应注意搅拌均匀。在冬季缺乏低凝点柴油时，也可在 0 号柴油里掺入 40% 的裂化煤油（航空煤油），可获得－10 号柴油。

3）柴油中不能掺入汽油。柴油中若有汽油存在，燃烧性能将显著变差，导致起动困难，甚至不能起动。汽油进入气缸还会冲刷气缸润滑油膜，加速气缸的磨损。

4）尽量选用优质柴油。选用柴油时，应尽量选用优级品或一级品（硫含量分别不大于 0.2%、0.5%）以减少柴油的腐蚀性。

第二节　机油的性能与选用

发动机工作时，很多传动零件都是在很小的间隙下作高速相对运动的，如曲轴主轴颈与主轴承，曲柄销与连杆轴承，凸轮轴颈与凸轮轴轴承，活塞、活塞环与气缸壁面，配气机构各运动副及传动齿轮副等。尽管这些零件的工作表面都经过精细的加工，但放大来看这些表面却是凹凸不平的。若不对这些表面进行润滑，它们之间将发生强烈的摩擦。所以当发动机运转时，需要润滑系统连续不断地把数量足够的洁净润滑油输送到全部传动件的摩擦表面，并在摩擦表面之间形成油膜，实现液体摩擦，从而减少摩擦的阻力、降低功率消耗、减轻机件磨损，以达到提高发动机工作可靠性和耐久性的目的。

一、机油的性能特点

1. 优良的粘温特性

低温时粘度不大，高温时粘度不小，保证了高、低温条件下的正常润滑。低温下发动机容易起动，减少由于起动造成的有关部件的磨损（起动时的磨损占全部磨损的 70%）。

2. 良好的密封性

防止了发动机的窜油、窜气，减少了发动机的功率损失，减少了燃油的消耗量，延长了补加机油的周期，节省了润滑油。

3. 良好的抗氧抗磨性

由于采用了优质的抗氧抗磨剂，所以具有优良的抗氧抗磨性能，可减少活塞区域的高温薄层氧化和曲轴箱中机油的厚层氧化，因此减少了金属部件的腐蚀。

4. 优良的清净分散性

良好的清净性能控制活塞区域沉积物的形成；优良的分散性，把燃料燃烧不完全所产生的烟炱和机油氧化产物均匀地分散在机油中，防止烟炱变成油泥堵塞滤清器，造成油路不畅通，而影响润滑油对各运动部件的润滑。

5. 良好的抗起泡性

发动机机油由于快速循环和飞溅，必然会产生泡沫。如果泡沫太多，或泡沫不能迅速消除将会造成摩擦表面供油不足，以致破坏正常的润滑。所以在机油中加有抗泡沫添加有剂，以提高抗泡性能。

二、如何选择机油

1. 根据汽车使用规定选择机油

应根据汽车发动机的工作条件，选用适当的机油品种及使用级。各型汽车对机油品种要求差别很大，应严格按照汽车使用说明书中的规定，选用与该型汽车相适应的机油品种。

汽油机机油工作条件与生产年份有关，后生产或经技术改造的汽车，机油工作条件通常要比早年生产的汽车苛刻，应选用使用级较高的机油。

柴油机机油的选用可根据柴油机强化程度进行选择，机油工作条件越苛刻，要求选用使用级高的柴油机机油。

目前市场上销售的发动机机油有国产或进口小容器（4L）包装，在容器的一侧标有 API 使用等级标号，进口汽车使用说明书也按 API 使用等级分类推荐用油。汽油机机油、柴油机机油标号与 API 使用标号的对应关系见表 6-1。

表 6-1　汽油机机油、柴油机机油标号与 API 使用标号的对应关系

汽油机机油		柴油机机油	
国标 GB 标号	国际 API 标号	国标 GB 标号	国际 API 标号
EQB	SB	ECA	CA
EQC	SC	ECB	CB
EQD	SD	ECC	CC
EQE	SE	ECD	CD
EQF	SF		

2. 根据地区季节气温选用机油

选用机油应根据地区季节气温、结合发动机的性能和技术状况，选用适当的机油标号和粘度级别。由于发动机的结构和试验条件不同，为保证其低温时顺利起动和高温时的润滑性能，各型汽车推荐的机油粘度有较大差别。

三、机油使用的注意事项

1）汽油机机油不能用于柴油机。不能用专用的汽油机机油代替柴油机机油，以免加速

柴油机的磨损。汽油机机油和柴油机机油原则上应区别使用，只有在汽车制造厂有代用说明或标明是汽油机和柴油机的通用油时，才可代用或在标明的级别范围里通用。

2）机油黏度应尽可能小些。在保证发动机可靠润滑的前提下，机油黏度尽可能小些。黏度大的机油除在南方夏季使用外，仅适用于一些严重磨损的发动机。选用高黏度的机油，会使发动机运转时的阻力增加，从而使燃料消耗量增加。选用黏度太低的机油，有可能使机油压力过低，润滑油膜强度不够，密封不严。所以要根据车况、季节来正确选用机油。

3）坚持经济适用的原则。在选择机油的使用级时，高级机油可以在要求较低的发动机上使用，但过多降级使用不经济。切勿把使用级较低的机油在要求较高的发动机中使用，否则会造成发动机早期磨损和损坏。

4）应尽量使用多级油。多级油的粘温性能好，在发动机中使用的时间长，节省燃料，而且四季通用，便于管理。使用多级油时，油色容易变黑，机油压力比普通机油少些，这些都是正常现象，不影响使用。

5）机油不能混合使用。单级机油和多级机油不要混用；不同牌号机油必要时可临时混用，但不要长期混用。不要将机床用的机械油或其他非发动机用机油加在汽车发动机上使用，它们不含任何添加剂，会引起发动机的早期磨损或损坏。

6）保持适当的油量。必须保持曲轴箱内有足够的油量。若油量过少，会引起机件烧坏并加速机油变质；若油面过高，会从气缸活塞的间隙中窜进燃烧室使燃烧室积炭增多。

7）适时换油。有条件时，可实行按质换油；没有条件时可按使用说明书推荐或车型规定的换油里程换油。

8）换油须知。为了延长机油的使用期限，在换油时要放净旧机油，并清洗润滑系统（有条件应使用真空换油设备更换机油，将旧机油吸净）；发动机在工作中，应保持曲轴箱通风装置良好；添加新油时，应注意不要让杂质和水分混入。换油的同时还应更换滤芯。

第三节　齿轮油的性能与选用

齿轮油指用于汽车机械变速器、驱动桥齿轮和传动机构的润滑油。它是以精制润滑油为基础油，加入抗氧化、防腐蚀、防锈、消泡、挤压抗磨等多种添加剂调和而成的。它和其他润滑油一样，具有减磨、冷却、清洗、密封、防锈和降低噪声等作用，但其工作条件与发动机机油不同，因此对性能要求也不同。

一、齿轮油的基本性能

1. 对齿轮油的使用要求

齿轮油要具有良好的润滑性和较高的挤压性，适当的粘度（较发动机机油高）和较好的粘温特性，较好的低温流动性，较好的防腐性和抗氧化安定性，良好的抗泡性。

2. 对齿轮油的性能要求

对齿轮油的性能要求主要有粘度、粘温性和抗磨性几项指标。

齿轮油的粘度应使得传动机构工作时消耗于油内摩擦的能量很少，同时保证齿轮及轴承摩擦面不发生擦伤及噪声，油封及接合面不漏油。抗磨性指油品保持在运动部件间的油膜，防止金属与金属相接触的能力。齿轮油的极压抗磨性，可用油的负荷承载能力来评定。车辆齿轮油其他指标的意义与发动机机油相同或相似。

二、齿轮油的选用

通常按汽车使用说明书的规定选择与该车型相适应的齿轮油品种和牌号，还可以参照下列原则选油。

1. 根据季节选择齿轮油的牌号（粘度级）

齿轮油的牌号75W、80W、85W、90和140号分别适用于最低气温为－40℃、－20℃、－12℃、－10℃、10℃的地区，应对照当地冬季最低气温适当选用。

2. 根据齿轮类型和工况选择齿轮油（使用性能级别）

对于一般工作条件下的螺旋锥齿轮主减速器（驱动桥）、变速器和转向器可选用普通车辆齿轮油；主减速器是准双曲面齿轮的，必须根据工作条件选用中负荷车辆齿轮油或重负荷车辆齿轮油。

三、选用齿轮油的注意事项

1）不要混淆机油和齿轮油的SAE分类标号。

在计算标准中为避免混淆，规定高的分级号用在齿轮油上，低的分级号用于发动机润滑油，但对于旧牌号齿轮油分级号较低。应注意齿轮油和发动机油黏度级别并无联系，同型号不能互用。切不可将齿轮油当发动机机油使用，否则发动机将会发生烧瓦、粘缸和烧结活塞顶等严重事故。

2）绝不能用普通齿轮油代替准双曲面齿轮油。

准双曲面齿轮齿间滑动非常大，普通齿轮油无法保持足够的润滑油膜，如果在其间使用了普通齿轮油，准双曲面齿轮将很快损坏。也不宜滥用准双曲面齿轮油来替代普通齿轮油，否则，会造成变速器齿轮的腐蚀性磨损和不必要的经济损失。必须根据齿轮传动的特点，选用性能合适的齿轮油。

3）不要误认高黏度齿轮油的润滑性能好。

使用黏度太高的齿轮油将会使燃料消耗显著增加，特别是对高速轿车影响更大，应尽可能使用合适的多级齿轮油。

4）加油量应适当。

加油过多不仅增加搅油阻力和燃料消耗，而且有可能使齿轮油经后桥壳混入制动鼓（如果密封不良）造成制动失灵；加油过少会使润滑不良，温度过高，加速齿轮磨损。齿轮油液面一般应加到与齿轮箱加油口下缘平齐，且应经常检查各齿轮油箱是否渗漏，并保持各油封、衬垫完好。

5）合理使用齿轮油。

齿轮油的使用寿命较长，如果使用单级油，在换季维护时应换用不同粘度的齿轮油。放出的旧油如果不到换油期限，可在再次换油时加入车中使用。旧油应妥善保管，严防水分、机械杂质和废油污染。

6）适时换油。

应按规定换油指标换用新油，无油质分析手段时，可按规定期限换油。换油时，应趁热放出旧油，并将齿轮和齿轮箱清洗干净后才可加入新油。加油时，应防止水分和杂质混入。

7）齿轮油使用禁忌。

在使用中，严禁向齿轮油中加入柴油等进行稀释，也不要因影响冬季起步而烘烤后桥、变速器，以免齿轮油严重变质。如果出现这种情况，应换用低黏度的多级齿轮油。

第四节　润滑脂的性能与选用

润滑脂实际上是一种稠化了的润滑油，是将稠化剂分散于液体润滑剂中组成的一种稳定的固体或半固体产品。汽车润滑脂主要用于汽车轮毂轴承及底盘各活连关节处的润滑。

一、润滑脂的使用性能与要求

根据汽车润滑用脂部位的工作条件，对润滑脂性能的基本要求是：适当的稠度、良好的高低温性能、抗磨性、抗水性、防锈性、防腐性和安定性等。

1. 稠度

稠度指润滑脂的浓稠程度，可用锥入度表示。

2. 良好的耐热性

润滑脂的温度对其流动性有很大影响，当温度上升，润滑脂变软，熔融时会从摩擦表面流失而失去润滑作用。因此润滑脂应具有很强的附着能力，要求在温度升高时也不易流失。汽车润滑脂的高温性能可用滴点、蒸发损失和漏失量等指标来评定。

3. 抗磨性

润滑脂抗磨性的意义与润滑油一样。润滑脂的稠化剂本身就是油性剂，因此，润滑脂的抗磨性能一般比基础油要好。

4. 抗水性

抗水性差的润滑脂，遇水后稠度下降，甚至乳化而流失。汽车在雨天和涉水行驶时，底盘各摩擦点可能与水接触，所以要求使用抗水性能良好的润滑脂。

5. 良好的胶体安定性和抗腐蚀性

胶体安定性指润滑脂在储存和使用中避免胶体分解、防止液体润滑油被析出的能力。

除上述各项性能要求外，润滑脂还要求有较好的抗氧化安定性、机械安定性，且不允许含有机械杂质。

二、润滑脂的种类和规格

润滑脂的种类有：钙基润滑脂、钠基润滑脂、钙钠基润滑脂、复合钙基润滑脂、通用锂基润滑脂、汽车通用锂基润滑脂、极压锂基润滑脂、石墨钙基润滑脂等。各种润滑脂的特性及适用范围见表6-2。

表6-2　各种润滑脂的特性及适用范围

品　种	特　性	适用范围
钙基润滑脂	抗水性好，耐热性差，使用寿命短	最高使用温度范围为-10～60℃，适用于汽车轮毂轴承、底盘拉杆球节、水泵轴承、分电器凸轮等部位

（续）

品　种	特　性	适用范围
钠基润滑脂	耐热性好，抗水性差，有较好的极压减磨性能	使用温度可达120℃，只适用于低速高负荷轴承，不能用在潮湿环境或水接触部位
钙钠基润滑脂	耐热性、抗水性介于钙基和钠基脂之间	使用温度不高于100℃，不宜于低温下使用，适用于不太潮湿条件下滚动轴承，如底盘、轮毂等处的轴承
复合钙基润滑脂	具有较好的机械安定性和胶体安定性，耐热性好	适用于较高温度及潮湿条件下润滑大负荷工作的部件，如汽车轮毂轴承等处的润滑，使用温度可达150℃左右
通用锂基润滑脂	具有良好的抗水性、机械安定性、防锈性和氧化安定性	适用于－20～120℃各种机械设备的滚动和滑动轴承及其他摩擦部位的润滑
汽车通用锂基润滑脂	具有良好的机械安定性、胶体安定性、防锈性、氧化安定性、抗水性	适用于－30～120℃汽车轮毂轴承、水泵、发电机等各摩擦部位润滑，国产和进口车辆普遍推荐用此油脂
极压锂基润滑脂	有极高极压抗磨性	适用于－20～120℃高负荷机械设备的齿轮和轴承的润滑，部分国产和进口车型推荐使用
石墨钙基润滑脂	具有良好的抗水性和抗碾压性能	适用于重负荷、低转速和粗糙的机械润滑，可用于汽车钢板弹簧、起重机齿轮转盘等承压部位

三、润滑脂的使用注意事项

1）推荐使用锂基润滑脂。锂基润滑脂外观是发亮的奶油状油膏，滴点高、使用温度范围广，并有良好的低温性、抗磨切性、抗水性、抗腐蚀性和热氧化安定性，是目前最常用的一种多效能的润滑脂。

2）应保持清洁。加注润滑脂时应特别注意，涂脂前零部件必须经溶剂油洗干净并吹干。在更换润滑脂时，要注意不同种类的润滑脂不能混用。新润滑脂和旧润滑脂也不能混合，即使是同类的润滑脂都不可新旧混合使用。因为旧润滑脂含有大量的有机酸和杂质，将会加速新润滑脂的氧化，所以在换润滑脂时，一定要把旧、废润滑脂清洗干净，才能注入新润滑脂。

3）用量应适当。更换轮毂轴承润滑脂时，只要在轴承的滚珠（或滚柱）之间塞满润滑脂，而轮毂内腔采用“空毂润滑”，即在轮毂内腔仅仅薄薄地涂上一层润滑脂，起防锈作用即可。不应采用“满载润滑”，即把润滑脂装满轮毂内腔，这样做既不科学，又很浪费，甚至在汽车制动频繁和制动时间过长的情况下，可能会因轮毂过热而使润滑脂流到制动摩擦片表面，造成制动失灵，影响行车安全。

第五节　制动液的性能与选用

制动液主要用于液压制动系统和液压离合器操纵系统的能量传递。制动液的好坏直接影响行车安全。

一、制动液的性能要求

汽车制动液是液压制动系统和液压式离合器操纵机构传递能量的工作介质，必须具有多种适应现代汽车的性能，以保证行驶安全。

1）应有较高的沸点。现代汽车在行驶中的制动比较频繁，制动鼓（盘）的温度不断升高，如果使用沸点较低的制动液，常会在管路中产生气阻而导致制动失灵，因此制动液的蒸发性要低，不易在高温下汽化。

2）适宜的高温粘度和良好的低温流动性。制动液在各种条件下都应能及时传递压力，并同时使传动机构中的运动件得到一定的润滑。

3）具有抗氧化、抗腐蚀和防锈的性能。制动液长期与金属相接触，应不会因氧化而产生胶状物和腐蚀性物质，或因锈蚀而变色，甚至形成坑点。

4）吸湿性低、溶水性好、沸点下降少。即使有水分进入制动液，要求能形成微粒而和制动液均匀混合，不产生分离和沉淀现象。

5）对橡胶的适应性好。制动液对橡胶件不应有溶胀作用，否则会使其失去应有的密封作用，因此制动液对橡胶件要有良好的适应性。

二、制动液的选用

1）优先选用进口名牌制动液。市场上销售的制动液多为进口品牌，而且质量可靠，使用也方便。可以根据汽车使用说明书的规定选用制动液。普通汽车可使用 DOT3 型号的制动液，高级的车辆可选用 DOT4 型号的制动液。

2）合理选用国产制动液。使用国产制动液时，合成制动液适用于高速重负荷和制动频繁的轿车和货车；醇型制动液可用在车速较低、负荷不大的旧式汽车上；矿油型制动液可在各种汽车上使用，但制动系统需换耐油橡胶件。7 号矿物油制动液在严寒地区可冬夏两用。具体选择什么样的国产制动液，可参看汽车使用说明书的要求。

三、制动液使用注意事项

1）制动液不能混用。各种制动液绝对不能混用，否则会因分层而失去制动作用。

2）保持清洁。加注或更换制动液时要注意清洁，制动液须经过过滤，不允许细微杂质混入制动系统。

3）注意防潮。存放制动液的容器应当密封，防止水分混入和吸收水汽使沸点降低；更换下来和装在未密封容器内的制动液不能继续使用。

4）定期更换。应定期更换制动液，由于醇醚类制动液有一定的吸水性，因此在一般情况下，制动液应在使用 1～2 年时进行更换，以防制动液吸湿后影响制动性能。更换制动液应在每年雨季过后进行。

5）注意制动液的温度。在山区下坡连续使用液压制动，或在高温地区长期频繁制动时，制动蹄片温度可达 350～400℃，使制动液温度随之升高达 150～170℃，已超过一般合成制动液的潮湿沸点。因此，要注意检查制动液温度，以防因气阻发生交通事故。

6）注意对制动系统的保护。防止矿物油混入使用醇型和合成型制动液的制动系统。使用矿物油制动液时，制动系统应换用耐油橡胶件；使用醇型制动液前，应检查是否有沉淀，如果有沉淀，应过滤后再使用。

第六节　防冻液的性能与选用

一、防冻液的作用

发动机使用防冻液有以下保护作用：

1）对冷却系统的部件起到防腐保护作用。

2）防止水垢，避免降低散热器的散热作用。

3）保证发动机在正常温度范围内能工作。

发动机的防冻液必须具有防冻、防开锅、防腐蚀、防水垢、无泡沫的特点，并不受季节及地域的影响。

二、防冻液的组成

常用的汽车防冻液为水与乙二醇、水与酒精、水与甘油按一定比例混合而成的。目前常用的防冻液多数为乙二醇—水型。捷达轿车冷却液为纯水和40%的大众G11添加剂组成（G11为含防腐剂的乙二醇防冻剂），防冻能力为－35℃，在正常使用条件下可长久使用，无需更换。

长效防冻液为乙二醇—水型，其中加有防腐剂和染料。乙二醇—水型长效防冻液具有防冻、防腐、防沸及防垢等性能，可四季通用，有－18℃、－35℃、－45℃等牌号。

防冻液产品可以制成浓缩液（沸点达148℃），用户可用清洁水稀释后使用，也可以制成一定冰点的成品，可直接加车使用。

目前我国市场上销售较多的是进口壳牌防冻液、美孚牌和TCL牌等防冻液。

三、防冻液的使用注意事项

1）严禁在防冻液温度很高的情况下打开散热器盖或放水阀，以免烫伤。

2）如果散热器有水垢，最好先用散热器清洗剂彻底清洗后再添加防冻液。

3）添加完毕后，要怠速运转至发动机正常温度后熄火。当机体温度下降后，检查储液罐的液面高度是否保持在“MAXT”的位置。若不足，则需要继续补加。

4）更换结束后，应随车带一些防冻液，以备短缺时补加。

5）传统的无机型防冻液不可兑水使用，那样会生成沉淀，严重影响防冻液的正常功能。

6）防冻液应每两年或每30000km更换一次。

7）添加防冻液时，应先确认该产品在有效期内。防冻液的有效期多为两年，某些品牌的产品有效期会长一些，如长城牌“多保”有机环保型防冻液有效期可达5年。

8）全年都应该使用防冻液。不少驾驶人误认为防冻液只有防冻的作用，因此只在冬季使用，而夏季多用水代替。其实防冻液除可以防冻外，还具有防沸（即防止“开锅”）及防锈蚀的作用，因此应全年使用。

第七节　自动变速器油的性能与选用

自动变速器油（ATF）主要用于自动变速器和液力转向机的动力传递。自动变速器油要满足动力传递、液压控制、润滑及冷却等多项功能要求，因此自动变速器油是性能要求最高的汽车润滑油之一。

一、自动变速器油的组成

自动变速器油是在精制的矿物油或合成油中加入各种添加剂而合成的。自动变速器中常用添加剂有粘度指数改进剂、摩擦调整剂、抗氧化剂、清净分散剂、抗磨剂、防锈剂、橡胶膨润剂、消泡剂等。

二、自动变速器油的性能要求

自动变速器油除具有齿轮润滑油的性能外，还应具有液压油的黏度、粘温特性和适合湿式离合器的摩擦特性，具体性能详见表6-3。

表6-3　自动变速器油的性能

性　能	要　求
黏度特性	作为液压油应具有较高的黏度指数和良好的低温流动性；作为齿轮等的润滑油应保持适当的黏度
摩擦特性	减少离合器结合时的换档冲击，并保持适当的摩擦，避免打滑
热氧化安定性	抑制油品的高温氧化分解，防止产生油泥、漆膜等
抗磨性能	防止齿轮、轴承、油泵等磨损
抗腐蚀性能	钝化金属表面，抑制腐蚀
防锈性能	防止钢铁零件生锈
密封适应性	防止对橡胶密封件有显著的膨胀、收缩或硬化现象
抗泡沫性	防止油液中产生泡沫

1. 粘度特性

为适应自动变速器使用条件比较复杂的特点，自动变速器油的温度范围相当宽（－40～150℃）。因此，为保证自动变速器中油液流量稳定、工作可靠，要求自动变速器油应有良好的粘温特性和较高的黏度指数（大于140），这样要求自动变速器油从高温到低温黏度变化较小。

2. 摩擦特性

自动变速器油的摩擦特性包括动摩擦和静摩擦，其性能对离合器摩擦有很大影响。如果动摩擦系数小，离合器结合时滑转大，换档时间长；如果静摩擦系数过大，在离合器结合的最后阶段转矩变化剧烈，有异响，换档冲击大。

3. 抗泡沫性

自动变速器油中的泡沫主要是气体以及渗入油液中的少量水分蒸发造成的。使用过程中，若液面过低，油泵会吸入空气；若液面过高，机械搅拌也会产生泡沫。自动变速器油中有泡沫时，主油路压力下降，离合器工作不稳定。因此，使用中要经常检查液面高度是否合适。降低油液黏度可以防止自动变速器油产生泡沫，消泡剂能使混入油中的气泡破裂、合并并迅速浮出液面而消除。

自动变速器油发展的方向是不换油，但多数自动变速器目前仍规定了换油周期，结合我国道路和使用情况，建议换油周期为 3 ~4 万 km 或两年。

三、自动变速器油使用的注意事项

1）汽车起步时，应先将操作手柄移到正确位置后，再踩加速踏板，而不能踩得过猛，否则易加快自动变速器内执行元件的磨损甚至毁坏。

2）汽车行驶时，除非必要，尽量不要将加速踏板猛踩到底，这样会立即强制性换入低档，使发动机转速过高，而造成内元件磨损和 ATF（自动变速器油）温度升高。

3）汽车行驶时，特别是高速时，不能使用 N 档滑行，这样容易烧坏变速器。

4）汽车超车时往往要迅速踏下加速踏板，但要注意的是；一旦加速完成，应立即松开加速踏板，否则对自动变速器油液和摩擦元件不利。

5）汽车被牵引时，应将操作手柄置于 N 位，而且车速不得超过 30km/h。每次被牵引距离不得超过 80km，否则自动变速器会因无法润滑而损坏。

第八节　养护材料产品介绍

一、常见的养护产品

常见的养护产品有：焦油、沥青清除剂，清除焦油和沥青；铬清洗剂和上光剂，用于铬、不锈钢、镍、铜和黄铜；玻璃清洁剂，清除污垢、烟膜和指纹；保护剂，保护皮革、木材、聚丙烯、塑料、橡胶和乙烯料；多用途车内清洁剂，清洁地毯、座椅、内饰、门板和地板垫；车轮清洁剂，喷雾型清洁剂；干污点聚集去除剂，有利于去除织物；硅轮胎光洁剂，喷雾型，使轮胎外表面光亮；增光剂，去除灰尘、指纹和表面杂质；清洁蜡，去除细微刮痕、氧化层，并保护光泽；表面清洁剂，去除杂质、斑点和漩涡状痕迹。

二、亿加能系列养护用品

亿加能系列养护用品如图 6-1 ~图 6-10 所示。

图 6-1　铁粉去除剂

图 6-2　掸子蜡

图 6-3　轮胎釉

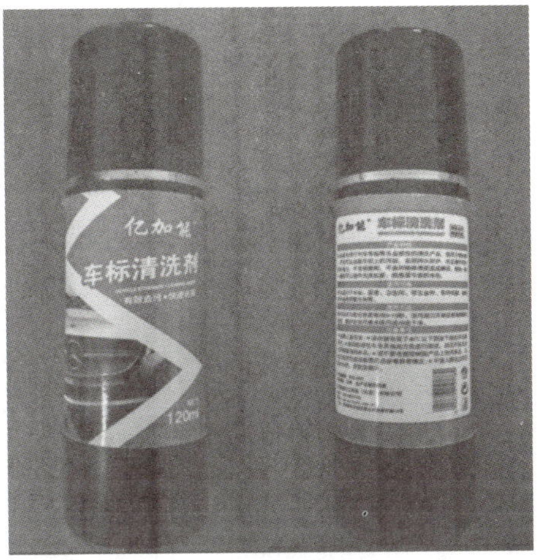

图 6-4　车标清洗剂

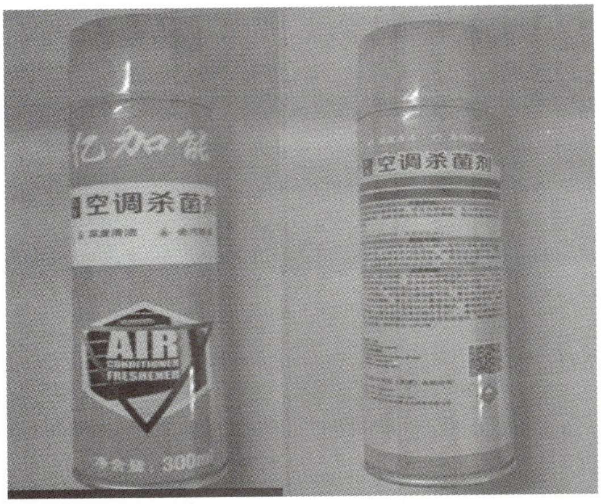

图 6-5　空调杀菌剂

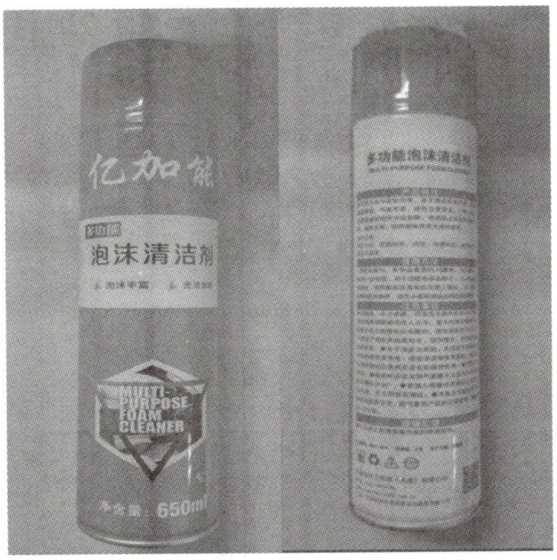

图 6-6　泡沫清洁剂

图 6-7　表板蜡

图 6-8　柏油清洁剂

图 6-9　轮毂清洗剂

图 6-10　粘胶去除剂

复习题

1. 汽油牌号是以什么确定的？
2. 如何选用汽油？
3. 柴油牌号是以什么确定的？
4. 如何选用柴油？
5. 对自动变速器油的性能要求是什么？
6. 机油的性能特点是什么？
7. 机油的使用注意事项有哪些？
8. 润滑脂有哪些种类？
9. 制动液的使用注意事项有哪些？
10. 对自动变速器油性能的要求有哪些？

第七章

电动汽车的养护

教学提示： 随着国家对环保的要求，新能源汽车的使用越来越广泛。新能源汽车的保养会直接影响汽车驾驶的安全，只有做好新能源汽车的使用养护，才能保证安全行驶。

教学要求： 了解新能源汽车的种类，熟悉不同种类新能源汽车的特点，明确养护的重要性；掌握新能源汽车的养护分类和养护内容，掌握养护的项目及养护过程中的注意事项，掌握正确的养护方法。

第一节　电动汽车的种类

电动汽车按动力源的不同，主要分为 3 种：混合动力电动汽车、纯电动汽车和燃料电池电动汽车。

一、混合动力电动汽车（HEV）

混合动力电动汽车指能够至少从可消耗的燃料、可再充电能/能量储存装置两类车载储存的能量中获得动力的汽车。图 7-1 所示为比亚迪混合动力电动汽车（秦）。

混合动力电动汽车的优点是：

1）采用混合动力后可按平均需用的功率来确定内燃机的最大功率，此时处于油耗低、污染少的最优工况下工作。需要大功率而内燃机功率不足时，由电池来补充；负荷少时，富余的功率可发电给电池充电，由于内燃机可持续工作，电池可以不断得到充电，故其行程和普通汽车一样。

图 7-1　比亚迪混合动力电动汽车（秦）

2）电池可以十分方便地回收制动时、下坡时、怠速时的能量。

3）在繁华市区，可关停内燃机，由电池单独驱动，实现零排放。

4）内燃机可以十分方便地解决耗能大的空调、取暖、除霜等纯电动汽车遇到的难题。

5）可以利用现有的加油站加油，不必再投资。

6）可让电池保持在良好的工作状态，不发生过充、过放，延长其使用寿命，降低成本。

缺点：长距离高速行驶基本不能省油。

二、纯电动汽车（EV）

纯电动汽车指驱动能量完全由电能提供、由电机驱动的汽车。电机的驱动电能来源于车载可充电储能系统或其他能量储存装置。纯电动汽车本身不排放污染大气的有害气体。与混合动力电动汽车相比，纯电动汽车更需要基础设施的配套，而这不是一家企业能解决的，需要各企业联合起来与当地政府部门一起建设。图 7-2 所示为比亚迪 e6 纯电动汽车。

图 7-2　比亚迪 e6 纯电动汽车

优点：技术相对简单成熟，只要有电力供应的地方都能够充电。

缺点：目前蓄电池单位质量储存的能量太少，且电动车的电池较贵，又没形成经济规模，故购买价格较贵。至于使用成本，有些试用结果比燃油汽车贵，有些结果仅为汽车的 1/3，这主要取决于电池的寿命及当地的油电价格。

三、燃料电池电动汽车（FCEV）

燃料电池电动汽车指以燃料电池系统作为单一动力源或者以燃料电池系统与可充电储能系统作为混合动力源的电动汽车。图 7-3 所示为长城燃料电池电动汽车。

图 7-3　长城燃料电池电动汽车

优点：燃料电池的化学反应过程不会产生有害产物，燃料电池的能量转换效率比内燃机要高 2 ~ 3 倍，因此从能源的利用和环境保护方面，燃料电池汽车是一种理想的车辆。

缺点：技术有待提高，才能推广使用。

四、电动汽车与燃油汽车养护的区别

燃油汽车主要是针对发动机系统进行养护，同时定期更换机油、机滤等。电动汽车都是靠驱动电机驱动，省略了机油、三滤、传动带等常规养护项，只需对蓄电池组和驱动电机进行养护，保持其清洁。从常规养护项的区别可以看出，电动汽车的养护比燃油车要简单省事。

第二节　电动汽车养护项目

一、外观的养护

首先要进行外观检查。外观检查项包括车漆有无破损、车灯功能是否正常、刷水器等部件的老化程度以及轮胎的状态等。用中性洗车剂清洗车辆（清洗剂根据厂商说明的混合比例调配），用软布浸上清洁液，轻柔地擦拭，不要太用力以免损坏漆面。图 7-4 所示为 JAC

汽车外观。

二、底盘的养护

底盘作为和路面最接近的部件，行驶过程中难免碰刮，所以养护时有必要对它进行全面检查。检查内容包括各传动部件、悬挂部件是否松动或损伤，以及底盘是否锈蚀。图 7-5 所示为电动汽车底盘。

图 7-4　JAC 汽车外观

图 7-5　电动汽车底盘

三、轮胎的养护

轮胎是车辆直接接触地面的部件，受损几率较其他部件更高。养护时需检查轮胎气压、四轮平衡，以及胎面是否出现裂纹或创伤。另外，冬季气温低，橡胶会变硬发脆，摩擦系数也会降低，比其他季节更容易漏气、扎胎。图 7-6 所示为电动汽车轮胎。

图 7-6　电动汽车轮胎

四、液面的养护

与燃油汽车不同的是电动汽车的防冻液用于冷却电机，需要根据厂家规定时间定期更换（一般更换周期为 2 年或 4 万 km）。变速器油也是电动汽车需要比较频繁更换的油液。

五、动力蓄电池的养护

动力蓄电池作为一切动力的来源，是电动汽车最特殊也最重要的部件之一，因此在养护时需要特别注意细节。

1. 正确把握电池的充电时间和频次

根据车辆使用情况的不同，充电要根据用电的实际情况进行。关于多久充一次电，也要根据车辆的行驶里程（参配、询价）来进行判断。在正常行驶的情况下，如果电量表的指示灯红灯和黄灯都亮了，就应该充电了；如果黄灯灭了只剩下红灯亮，应尽快停止运行并进行充电，否则蓄电池会因为过度放电而缩短使用寿命。有些人习惯在动力电池只运行了很短的时间就续充，这时充电时间不宜过长，否则就会过度充电从而使蓄电池发热。一般情况下汽车蓄电池平均充电时间为 10h 左右，过度充电、过度放电和充电不足都会缩短动力电池的使用寿命。在充电过程中，如果蓄电池温度超过 65℃，应立即停止充电。电动汽车充电桩如图 7-7 所示。停车场内的充电设施如图 7-8 所示。

图 7-7　电动汽车充电桩

图 7-8　停车场内的充电设施

2. 蓄电池闲置存放时应保证处于满电状态

当蓄电池在使用后没有及时充电时，蓄电池就处于亏电状态，在此状态下存放蓄电池，很容易出现硫酸盐化，硫酸铅结晶物附着在极板上，堵塞电离子通道，造成充电不足，蓄电池容量下降。蓄电池损坏的严重程度是和亏电状态闲置的时间成正比的，因此，为了保持蓄电池的健康状态，在蓄电池闲置存放时也要保证每个月充电 1 次。

3. 在行驶过程中应尽量避免猛踩加速，行程瞬间的大电流放电

电动车在起步、载人、上坡时，如果猛踩加速，会形成瞬间大电流放电。大电流放电容易导致产生硫酸铅结晶，从而损害动力电池极板的物理性能。在汽车行驶中，如果速度突然降低几十 km/h，一定要引起注意，可能是某一组动力电池出现了问题，应尽快检查。

4. 严禁将电动汽车放在阳光下暴晒

经阳光暴晒过的蓄电池会因内部压力增加而失水，引起蓄电池活性下降，加速极板老化。

5. 蓄电池常见故障检测及处理方法

常见故障：因蓄电池电量不足或损坏，导致发动机无法起动。

处理方法：使用其他车辆上的电源并联起动。具体做法是用一根跨接导线，两端分别连接两个蓄电池的正极，另一根跨接导线分别接供电汽车蓄电池的负极和亏电汽车蓄电池的负极或负极搭铁线，然后调整好导线位置，使其与发动机舱的运动部件（如发动机胶带）互不干扰。提供电源的车辆应先起动，1min 后起动亏电车辆。起动后，两车的发动机空转大约 3min，在这段时间内导线应仍处于连接状态。拆除导线的顺序与连接的顺序相反，此时提供电源车辆的发动机可以熄火，但请勿将亏电汽车的发动机熄火。

六、电动汽车的清洗

电动汽车的清洗可按照常规汽车的清洗方法进行，但是，在清洗过程中要特别注意避免水流入车体充电插座，导致车身电路短路。清洗动力电池部分时更要谨慎，不要使用水枪喷射清洗以免动力蓄电池受潮短路。

七、其他注意事项

1）修理充电部分或更换充电熔丝时，必须先拔下 220V 电源插头，每次停车都必须关闭电源开关，拔出钥匙，将档位开关扳至空档位置，并将驻车制动器拉起。

2）关闭电源总开关后才能维修或更换蓄电池、电器。

3）充电时，应尽量在儿童无法接触到的地方进行。

4）因事故或其他原因造成起火时，应立即关闭总电源开关。

5）由于配备锂电池的汽车更加容易发生火灾，因此千万不要危险驾驶。

复习题

1. 混合动力电动汽车的优点是什么？
2. 电动汽车养护的内容有哪些？
3. 蓄电池常见故障检测及处理方法是什么？

第八章

汽车遇紧急情况时的应急处理

教学提示： 在汽车正常使用的情况下，会遇到紧急情况，如果处理不好，很有可能导致恶性交通事故的发生。了解汽车紧急情况下的应急常识，可以避免恶性交通事故的发生，保护生命财产不受损失。

教学要求： 通过学习熟悉轮胎在爆胎时的应急处理；掌握转向突然不灵、失控时的应急处理；掌握在制动突然失灵时的应急处理；熟练掌握发动机突然熄火时的应急处理；熟悉掌握车辆侧滑时的应急处理；掌握车辆碰撞时的应急处理。

第一节　底盘相关总成发生故障的应急处理

一、轮胎爆胎时的应急处理

1）发现轮胎漏气时，驾驶人应紧握方向盘，慢慢制动减速，极力控制行驶方向，尽快驶离行车道。驶离主车道时，不可采用紧急制动，以免造成交通事故。

2）后轮爆胎时，车辆会呈现一种不稳定状态，产生一股轻微的力量，使车辆倾向爆胎的那一边，此时应采用减档的方式将车辆缓慢停下。与前胎爆裂不一样的是，由于后轮不具有导向功能，而且一般车辆的后轮承载重量相对不高，因此，后轮爆胎并不是非常危险。后轮胎爆裂时，驾驶人应保持镇定，只需握稳方向盘即可控制车辆保持直线行驶，减速停车。轮胎爆裂如图 8-1 所示。

图 8-1　轮胎爆裂

3）驾驶人意识到前轮胎爆裂时，应双手紧握转向盘，松抬加速踏板，极力控制车辆直线行驶。前轮爆胎时，危险较大，驾驶人一定要极力控制转向盘，迅速挂低速档。前轮爆裂已出现转向时，不要过度矫正，应在控制住方向的情况下，轻踏制动踏板，使车辆缓慢减速。等车辆速度逐渐慢下来后轻转方向盘，然后在车后竖立警示三角牌，防止二次事故。

避免爆胎的正确做法是定期检查轮胎，及时清理轮胎沟槽里的异物，更换有裂纹或有很深损伤的轮胎。

避免轮胎爆裂日常应注意的事项：

1）提高对轮胎安全性的认识，平时要多检查轮胎。特别是上高速前，一定要做好充分细致的检查。除了胎压之外，还要观察轮胎侧面是否有裂口、胎面磨损状况，发现隐患应及时排除。

2）定期实施轮胎换位。为保持同一辆车上轮胎磨损均匀，车辆每行驶 5000km 应做一次轮胎换位，每行驶 5000 ~ 10000km 做一次四轮定位，以避免轮胎非正常过度磨损。不允许在同一轴上安装不同型号或者新旧差异较大的轮胎。

3）定期修正车轮平衡度。若车轮不平衡度超标，高速行驶时将会产生高频的摆动，造成轮胎偏磨，不利于行车安全。轮胎修补后应该进行动平衡检测调整，轮胎单边动平衡检测值应该小于等于 40g。

二、转向突然不灵、失控时的应急处理

1）驾驶人发现转向不灵时，正确的做法是：尽快减速，在安全地点停车，查明原因。

2）装有动力转向的车辆，若驾驶人突然发现转向困难、操作费力，应尽快减速，选择安全地点停车，查明原因。

3）转向失控后，若车辆偏离直线行驶方向，应果断地连续踩踏、放松制动踏板，使车辆尽快减速停车。

4）当车辆转向失控，行驶方向偏离，事故已经无可避免时，应尽快减速，极力缩短停车距离，减轻撞车力度。

5）高速行驶的车辆，在转向失控的情况下使用紧急制动，很容易造成翻车，所以不能使用紧急制动。

三、制动突然失灵时的应急处理

1. 制动失灵的原因与对策

1）制动时车轮最容易抱死的路面是冰雪路面。

2）防抱死制动系统（ABS）可以有效防止紧急制动时车轮抱死，并最大限度地发挥制动器的效能。

3）安装了防抱死制动系统的车辆制动时可用力踏制动踏板。

4）未安装防抱死制动系统的车辆，在冰雪、湿滑、砾石路面或者比较光滑的路面上制动时，要轻踏或间歇地踩踏制动踏板。

5）未安装防抱死制动系统的车辆，在发现汽车偏离行驶方向时，应立即松开制动踏板，待方向得到控制后再踏制动踏板。

6）行车中制动突然失灵时，驾驶人要沉着镇静，握紧方向盘，利用“抢档”或驻车制

动器进行减速。

7）下坡路制动突然失灵时，可采用的办法是：将车辆向上坡道方向行驶；用车身靠向路旁的岩石或树林碰擦（或用前保险杠侧面撞击山坡）；利用道路边专设的避险车道停车。

8）下坡路制动失效后，若无可利用的地形和时机，应迅速逐级或越一级减档，利用发动机作用控制车速。

9）制动失灵后，驾驶人应立即寻找并进入紧急避险车道；停车后，拉紧驻车制动器，以防溜动发生二次险情。

10）制动突然失灵，避让障碍物时，要遵循“先避人，后避物”的原则。

11）制动时，前车轮抱死会出现丧失转向能力的情况，后车轮抱死可能会出现侧滑甩尾的情况。

12）为发挥最大制动作用，使用驻车制动器时不可将操纵杆一次性拉紧。

13）出现制动失效后，应以控制方向为第一应急措施，其次是设法控制车速。

2. 高速行驶时制动失灵原因

高速行驶时制动失灵虽然在日常行车中发生的几率非常小，但如果遇到处理不当将会造成非常严重的后果，因此掌握一些紧急情况下的制动措施是非常必要的。造成制动失灵的原因主要有3种：

1）制动系统缺乏必要的保养，制动总泵里杂质太多、密封不严、真空助力泵失效、制动油过脏或几种制动油混合使用受热后出现气阻、制动总泵或分泵漏油、储气罐或管路接口漏气。

2）由于操作不当导致机件失灵，例如长时间下坡会使制动片摩擦生热、制动毂炭化、制动功能完全失效。

3）由于严重超载，在重力加速度的作用下，加大了车辆运动惯性，直接导致制动失灵。

3. 高速行驶时制动失灵的应急处理

（1）驻车制动器制动应急处理　制动失灵后，可用驻车制动器来进行制动，但要操控得当，不能由于惊慌而猛拉驻车制动器手柄，否则会造成驻车制动器的钢丝绳因为用力过猛而绷断，使驻车制动器失效或车辆后轮抱死。

正确的方法是缓缓拉起驻车制动器，分几次拉紧、松开、拉紧、松开的方法使车辆减速至停下来。需注意的是，拉驻车制动器手柄时要将驻车制动器手柄的保险按钮摁进去，这样可以使驻车制动器车手柄在拉紧、放松的过程中操作自如，防止拉紧时驻车制动器锁死。

（2）减档制动处理　手动档汽车可通过强制降档减速停车，具体做法是直接挂入二档，再松加速踏板、抬离合器踏板，然后伺机挂入一档，利用发动机气缸压缩的作用使车辆停车。

如果是在一些下坡等危险路段出现制动失灵，为防止险情进一步扩大，必要时可利用路边的沙泥堆、草堆、路沟、树林、岩石等障碍物给车辆阻力而停车。

（3）紧急情况自救措施

1）安全带可以阻止乘车人在紧急制动时冲向风窗玻璃，如果没系安全带最好不要试图去对抗冲撞，这可能比顺其自然受伤更严重，因为减速冲撞更加突然。在倒向冲撞点的瞬间应尽量早地远离方向盘，双臂夹胸，手抱头。

2）前排乘员位是最危险的位置，如果坐在该处时发生制动失灵，首先要抱住头部躺在座位上，或者双手握拳，用手腕护住前额，同时屈身抬膝护住腹部和胸部。

3）坐在后排座位的乘员最好的防护办法就是迅速向前伸出一只脚，顶在前面座椅的背面，并在胸前屈肘，双手张开，保护头、面部，背部后挺，压在座椅上。

4）发生车祸或出现紧急制动时，应迅速用双手用力向前推扶手或椅背，两脚一前一后用力向前蹬，这样，撞击力消耗，缓冲身体前冲的速度，从而减轻受害的程度。

5）汽车相撞时切忌喊叫，应该紧闭嘴唇，咬紧牙齿，以免咬伤舌头。

6）汽车相撞发生火灾的可能性很大，所以撞击一旦停止，所有人要尽快设法离开汽车。

四、蓄电池没电或发动机突然熄火时的应急处理

蓄电池没电通常有两种情况，蓄电池的使用寿命一般是2~3年，使用寿命到期时，就会在某次停车时突然没电；由于长时间听音乐等、忘关前照灯以及防盗器长时间报警等情况造成蓄电池没电。当发生以上两种情况时，可以采用以下方法自救：

1. 蓄电池搭线

可以使用蓄电池搭线的方法给没电的蓄电池充电，具体方法是：准备两条相对粗的导线（如果是市场购买的，一般分为红色和黑色），把红色线的一头接到有电汽车蓄电池的正极，另一头接到亏电汽车蓄电池的正极。黑色线的一头接到亏电汽车蓄电池的负极，另一头接到有电汽车的金属部分。有电汽车先起动，以带动亏电汽车着车。供电的汽车应该处于运转状态，先搭接正极再搭接负极；起动后，先松负极再松正极搭线。这样可以防止先接搭负极后中途意外把正极与车体碰到，造成短路。

2. 推车或牵引

若果有人协助则可以采用推车的方法，具体是挂入二档，然后踩住离合器踏板不抬，待推车的人将汽车推起来后直接抬起离合器，踏加速踏板，此时汽车会起动。如果采用牵引，方法相同，但一定要注意保持车距。

若行车中发动机突然熄火后不能再次起动，应开启右转向灯，将车缓慢滑行到路边停车检查，做好安全警示提示。

五、车辆侧滑时的应急处理

1. 导致侧滑的原因

1）最容易发生侧滑的路面是下雨开始时的路面。

2）车辆速度超过60km/h时，紧急制动易导致侧滑或甩尾等危险情况。

3）若转弯时速度过快，则车辆容易冲出弯道或侧滑。

4）车辆在泥泞、溜滑路面上紧急制动时，易产生侧滑，甚至造成翻车、坠车或与其他车辆、行人相撞。

5）车辆在泥泞、溜滑路面上猛转方向时，易导致行驶方向失控，甚至造成翻车、坠车或与其他车辆、行人相撞。

2. 侧滑的应急处理

1）入弯前制动过度，造成车身荷载前移，车速较高、转向较晚又急于打方向纠正而引起侧滑时，应松开制动踏板，反向轻回方向，使驱动轮恢复牵引力。

2）紧急制动产生侧滑时，应立即停止制动，向后轮侧滑的方向转方向盘，但是转方向盘的速度和幅度要适度。

3）车速高、转向急引起侧滑时，应松开加速踏板降低车速，同时根据车速和发生侧滑的状态，向出现侧滑的一侧轻转方向盘，使车退出侧滑状态。

六、车辆碰撞时的应急处理

1）行车中与其他车辆有迎面碰撞可能时，应先向右侧稍转方向，随即适量回转，并迅速踩踏制动踏板。

2）行车中与其他车辆已不可避免地发生正面碰撞时，应紧急制动，以减少正面碰撞力。在迎面相撞发生的瞬间，迅速放开转向盘，并抬起双腿身体侧卧于右侧座上，避免身体被转向盘抵住。

3）车辆发生撞击的位置不在驾驶人一侧或撞击力量较小时，应紧握转向盘，两腿向前蹬，身体向后紧靠座椅。

4）车辆撞击无法避免时，驾驶人应当尽力避免侧面相撞。

第二节　高速公路行驶中紧急情况的处理

1. 哪些情况可使用应急车道

高速公路应急车道（图8-2）仅供应急车辆使用，包括：警车、消防车、救护车、工程救险车等在执行紧急任务时，可以在应急车道内行驶，其他车辆在非紧急状况下禁止在应急车道上停车或行驶。

图8-2　应急车道

在高速行驶时，遇到车轮爆胎、车辆制动失灵或转向失控（图8-3）、行车遭遇事故或发生火灾、爆炸等意外情况才可以在应急车道紧急停车，除此之外其他情况下是不允许在高速公路应急车道停车的。

困了在应急车道临时歇息、换驾驶人、设导航查地图、打电话等都不是紧急情况，此时在应急车道临时停车都是违法的（图8-4）。

图 8-3 车辆紧急情况

图 8-4 非紧急情况停在应急车道

2. 在应急车道临时停车应该怎么做

如果发生了紧急情况需要在高速应急车道上临时停车，一定要确保车辆必须停在应急车道白线内，并且车辆尽可能地靠近高速护栏、远离行车道，同时开启双闪灯，并在车辆后方150m 处放置三角警示牌（图 8-5），能见度低或者夜晚时还需要将放置三角警示牌的距离适当提升到 200m 以上。

图 8-5 紧急情况应急停车需做好警示提示

停车后，车上乘员禁止继续待在车内，应该下车转移到护栏外的安全区域内（图8-6）。另外需要注意的是选择应急车道停靠时，应尽可能地避免在转弯路段。

图8-6　应急停车，车上乘员应转移到护栏外

复习题

1. 轮胎爆胎时应如何应急处理？
2. 转向突然不灵、失控时应如何应急处理？
3. 制动突然失灵时应如何应急处理？
4. 蓄电池没电或发动机突然熄火时应如何应急处理？
5. 车辆侧滑时应如何应急处理？
6. 车辆碰撞时应如何应急处理？
7. 意外起火的自救措施有哪些？
8. 高速公路行驶遇紧急情况时应如何处理？

参考文献

［1］黄俊平．汽车性能与使用［M］．北京：机械工业出版社，2004．

［2］陈长春．汽车维修质量检验［M］．2版．北京：机械工业出版社，2015．

［3］隋礼辉．汽车养护技术［M］．北京：北京大学出版社，2011．